Nordische Mythologie

Märchen aus dem nordischen Pantheon

Adam Andino

Inhaltsübersicht

Einleitung: Eine kurze Geschichte der nordischen Mythologie

Während die Gegensätze der verschiedenen Mythologien leicht hervorgehoben und diskutiert werden könnten, ist der Zweck der Mythen in allen Kulturen derselbe. Was wir heute als Mythologie bezeichnen, war einst Religion, und die Geschichten der Religion dienten dazu, Moral zu lehren, verschiedene Phänomene zu erklären und auch zu unterhalten. Die Religion war und ist auch heute noch in vielen Gesellschaften und Regierungssystemen vorherrschend. Seit den Anfängen der Zivilisation waren die Menschen immer von den Wundern der Welt und dem, was nicht erklärt werden konnte, fasziniert; daher hat die Einführung von Religionen und die Frage nach dem Leben nach dem Tod die Menschheit in vielen Formen erfasst. Die Mythologie bzw. Religion, der dieses Buch gewidmet ist, ist eine besonders faszinierende - die nordische Mythologie.

Die Wikinger

Das Volk, das an das nordische Pantheon glaubte, war als Wikinger bekannt und stammte ursprünglich aus den heutigen Ländern Norwegen, Dänemark, Island und Schweden. Sie beherrschten die Meere und das Land von Nordamerika bis Grönland und sogar bis Bagdad. Ihr Reich dehnte sich aus und rivalisierte sogar mit dem großen Römischen Reich. Während der Wikingerzeit (800-1100 n. Chr.) expandierten sie und strebten nach Reichtum durch Gold, Silber, Edelsteine und Land.

Die germanischen Völker und die Angelsachsen

Auch die Germanen wurden als Teil der Wikingerkultur in den Mix geworfen. Da die Wikingerzeit einen Großteil der nordeuropäischen Regionen einschließlich der britischen Inseln und der oberen Regionen der kontinentalen Alpen umfasste, wurden die kleineren Stämme der einheimischen Völker oft mit Angelsachsen und Wikingern vermischt. Während viele ihrer Traditionen die gleichen Prinzipien und Ideologien der nordischen Mythen widerspiegeln, hatte jeder Stamm möglicherweise seine eigene, einzigartige Form des Heidentums. Aufgrund der geringen Bevölkerungszahl der Stämme und des Analphabetismus gingen diese Mythen jedoch im Laufe der Zeit und durch das Christentum verloren.

Mündliche Traditionen

Die Wikinger sprachen in einer Sprache, die als altnordische Sprache bekannt ist, mit Runen als Schriftform. Lange bevor die Wikinger ihre Überlieferungen, Mythen und Legenden niederschrieben, erzählten sie die Geschichten mündlich und praktizierten ihre Religion, indem sie die Götter auf "traditionelle" Weise verehrten. Es gab nicht viele aufwendige Tempel oder andere Kultstätten, sondern die Götter wurden hauptsächlich zu Hause verehrt, wobei die Geschichten über Generationen hinweg weitergegeben wurden. Dies ist den Praktiken einer Familie in Bezug auf Religion, häusliches Leben und Festtage nicht unähnlich.

Über die nordische Mythologie selbst ist nicht viel bekannt. Es gibt nur eine Handvoll Texte, die die Epoche überlebt haben. Die Texte, die es geschafft haben, zu überleben, sind Gedichte und Sagen. Die *poetische Edda* und die *Prosa-Edda* waren eine Sammlung von Gedichten, die auf der Mythologie der Wikinger basierten, ebenso wie die Sagas, die das Leben der skandinavischen Könige und germanischen Helden wie *Beowulf* schilderten. Die verfügbaren kleinen Sammlungen wurden entweder in der Mitte der Wikingerzeit oder unmittelbar danach während des finsteren Mittelalters verfasst.

Es war auch wichtig festzustellen, dass die religiösen Texte, die im Mittelalter über die Wikingerzeit geschrieben wurden, einen christlichen Einfluss gehabt haben könnten. Einige der Mythen und Ursprungsgeschichten ähneln den Fabeln der christlichen Mythologie. Diese Texte wurden in einer Zeit verfasst, in der das Christentum darauf drängte, so viele Menschen wie möglich zum Glauben zu bekehren, und so könnten ähnliche Geschichten wie die der Wikinger als Bekehrungstaktik präsentiert worden sein.

Die Einführung des Christentums

Die Einführung des Christentums und seine Vorherrschaft haben viele Jahre gebraucht, um die vorchristliche Ära der religiösen Mythologien vollständig auszurotten. Bevor das Christentum die Vorherrschaft über die Religionen erkämpfte und gewann, wurde der christliche Glaube an Gott und Jesus in die Überlieferungen der nordischen Mythologie integriert. Dies war ähnlich wie beim römischen Pantheon, das ebenfalls neue, von christlichen Geschichten inspirierte Gottheiten schuf und die Gottheiten mit unterschiedlichen religiösen Ansichten zusammenführte. Die Wikinger glaubten oft an beide Mythologien.

Das Christentum führte schließlich zum Untergang der Wikingerzeit, wie bei so vielen zuvor heidnischen Institutionen. Um das Jahr 1000 n. Chr. wurde das Christentum in Island zur Staatsreligion, und die übrigen europäischen Länder folgten schließlich diesem Beispiel. Nachdem das Mittelalter über Europa hereingebrochen war, geriet die Geschichte bis zur Renaissance, die im frühen 15. Jahrhundert begann, in Vergessenheit.

Während der zunehmenden Auslöschung der heidnischen Gesellschaften wurden viele der wenigen germanischen Geschichten und Mythologien in dem Versuch zerstört, die Heiden zum Christentum zu bekehren. Viele der heidnischen Praktiken der Angelsachsen wie auch der Wikinger wurden verboten, als das Christentum in den vereinigten Königreichen und Regierungen an die Spitze rückte.

Tägliches Leben bei den Wikingern

Wie auch in anderen Mythologien beeinflussten die Götter das tägliche Leben der germanischen und nordischen Völker. Das Bild der Wikinger in der modernen Erinnerung ist das der Seefahrt und der rauen Wirklichkeit, die die Norm waren. Es gibt zwar Hinweise auf diese Wikinger, aber das Leben der meisten Wikinger drehte sich um Landwirtschaft und Hausarbeit. Die Geschlechter waren getrennt: Frauen gehörten ins Haus, wo sie Kleidung herstellten, kochten und Essen zubereiteten und sich um die Nutztiere wie Schafe und Kühe kümmerten; Männer waren für das Pflügen der Felder, die Aussaat und die Fruchtfolge zuständig.

In den dichter besiedelten Dörfern gab es auch spezielle Handwerksberufe wie das Schmiedehandwerk, die oft im Tausch gegen Lebensmittel ausgeübt wurden. Hungersnöte und Überfälle waren zur Zeit der Wikinger weit verbreitet und betrafen alle. Selbst die wohlhabendsten und angesehensten Menschen wurden von Krankheiten und Hungersnöten heimgesucht.

Die Bräuche der Wikinger

Die Wikinger hatten keine organisierte Religion im eigentlichen Sinne. Es gab zwar einige Kultstätten wie Tempel und Hallen, in denen sich die Menschen zu Feiern und Opfern versammelten, aber sie ähnelten nicht den so aufwendig gestalteten Tempeln wie beispielsweise bei den Griechen und Römern. Stattdessen gab es spezielle Orte, die einer bestimmten Gottheit gewidmet waren, wie etwa einen Hain. Es gab gemeinschaftsbezogene Anlässe wie Opfer für Kriege, Hungersnöte und sogar Hochzeiten. Menschen und Tiere wurden oft geopfert, wenn die Wikinger glaubten, dass sie die Götter verärgert hatten.

Die Bräuche in Bezug auf die Götter waren eher persönlich und familiär als eine zentrale, starre Religion. Zwar glaubte jeder im Allgemeinen an die Götter und die mit ihnen verbundenen Mythen, doch wurde in historischen Texten immer wieder geschildert, dass die Wikinger und andere germanische Völker persönliche Beziehungen zu bestimmten Göttern und Göttinnen hatten.

Es gibt zwar immer noch überlebende Mythen und Legenden im nordischen Pantheon, aber die Geschichten enthalten viele Lücken und verworrene Botschaften. Die historischen Texte wurden für ein Publikum geschrieben, das die früheren Informationen und Zeitlinien der Götter und Legenden kannte. Die Geschichten dieser Gottheiten sind auch nicht chronologisch geordnet, und es ist nicht immer klar, ob Mythos A vor Mythos B oder umgekehrt geschah. Die Überlieferungen können sehr verwirrend und kompliziert sein, aber die Faszination der nordischen Mythen hat Jahrhunderte überdauert und ist so faszinierend, dass sie unzählige Bücher, Fernsehsendungen und Filme inspiriert hat.

Im nächsten Kapitel werden die Götter und Göttinnen des nordischen Pantheons angemessen vorgestellt.

Kapitel 1: Die Hauptgötter

Odin. Thor. Loki. Dank Marvels Avengers-Saga mit ihren Comics und Filmen haben die Fans ein neues Interesse daran, mehr über die nordische Mythologie zu erfahren. Stan Lee, der Schöpfer von Marvel Comics, nahm sich kreative Freiheiten und Ideologien aus den Mythen und Legenden und nutzte sie, um fesselnde Geschichten über Gut und Böse zu erzählen. Ein weiteres populäres Werk, das sich vom nordischen Pantheon inspirieren ließ, war die Herr-der-Ringe-Trilogie von J. R. R. Tolkien, mit Elfen, Zwergen und Magie. Die Wiederbelebung von Superhelden in Filmen und anderen fiktionalen Medien hat dazu geführt, dass sich immer mehr Menschen für die Mythologien der nordischen Völker interessieren.

Wie bei vielen fiktiven Nacherzählungen gibt es auch im Marvel-Universum massive Ungereimtheiten in den Details der Charaktere, wie z.B. dass manche Charaktere von Natur aus gut oder böse sind. In den tatsächlichen Mythen der nordischen Mythologie waren die Realitäten nicht so schwarz-weiß.

Aesirische Gottheiten

Im nordischen Pantheon gibt es zwei Untergruppen von Göttern: Äsir und Vanir. Beide Untergruppen dieser Gottheiten waren mächtig und furchterregend, aber sie können nicht einfach als "gut" oder "böse" bezeichnet werden. Die Aesir-

Gottheiten lebten in Asgard, einem der neun Reiche des Universums, mit dem Hauptgott Odin. Dieses Reich war der Ort mit dem meisten Sonnenschein und den höchsten Ästen eines Baumes, der als Yggdrasil bekannt war. Yggdrasil war das Zentrum aller neun Kosmen der nordischen Mythologie, mit Asgard als oberstem Zweig. Der Baum des Lebens wird in Kapitel 3: Die Ursprünge der Götter weiter behandelt.

Im Folgenden sind die Götter in alphabetischer Reihenfolge aufgeführt, die mit diesem Stamm von Göttern und Göttinnen verbunden waren.

Baldur: Der friedliche Gott

Baldur (oder Baldr nach einigen Texten und Übersetzungen) war einer der friedlichsten Götter in Asgard. Er wurde von Göttern und Menschen gleichermaßen für seine Weisheit, seine Anziehungskraft und seine Fähigkeit, den Frieden zu bewahren, verehrt. Baldur war der Bruder von Thor und der Sohn von Odin und Frigg, dem König und der Königin des Reiches. Er strotzte nur so vor Selbstvertrauen, so dass er oft als Vermittler zwischen den Menschen und den Göttern auftrat, denen sie Rechenschaft schuldeten. Viele Gelehrte vergleichen ihn oft mit dem griechischen und römischen Gott Apollo, der ebenfalls für seine außergewöhnliche Schönheit und seinen Charme bekannt war.

Der letztendliche Tod Baldurs führte die Götter zu einem Ereignis, das als Ragnarök oder das Ende des Zeitalters der Götter bekannt ist. Es wurde vorausgesagt, dass Baldur aufgrund der Beteiligung von Loki, dem Betrügergott, sterben würde.

Bragi: Der Gott der Poesie

Obwohl er an sich kein Hauptgott ist, war Bragi der Gott der Poesie und ein Barde am Hof von Odin in Walhalla. In den vorchristlichen Texten wurde spekuliert, dass Bragi einst ein Sterblicher mit einer Vorliebe für Poesie war, und dass die Verstorbenen, die nach Walhalla kamen, einen Barden brauchten, der ihre edlen Geschichten und Erzählungen vortrug. Es hieß auch, dass der Gott derjenige war, der die Seelen aus der Welt der Sterblichen in Walhalla willkommen hieß. Außerdem galt er als Ehemann von Idun, der Göttin, die für die Unsterblichkeit der Götter verantwortlich war.

Einigen der aufgezeichneten Texte über die nordische Mythologie des Mittelalters zufolge war Bragi jedoch kein Hausgott und wurde daher auch nicht als solcher im nordischen Pantheon verehrt. Aufgrund des Mangels an religiösen Texten, die aus der Wikingerzeit erhalten geblieben sind, gibt es viele Missverständnisse und falsche Vorstellungen über diese besondere Gottheit.

Frigg: Königin der Götter und Göttin der Ehe

Frigg, die Königin der Götter und Frau von Odin, herrschte über die neun Reiche. Sie war spezialisiert auf Heirat, Kinderkriegen, Prophezeiung und Weisheit. Obwohl sie und Odin viele gemeinsame Kinder hatten, war ihr berühmtestes Kind Baldur, der Gott der Friedenssicherung. Frigg war nach Odin die zweithöchste Befehlshaberin und war die einzige, die neben ihm auf dem Thron sitzen durfte. Sie wurde oft mit Hera oder Juno, den griechischen und römischen Götterköniginnen, verglichen, war aber nicht eifersüchtig, sondern hatte eine ruhige Art, die weithin respektiert wurde.

Man glaubte, dass die Göttin der Prophezeiung den Tod ihres Sohnes und das Ende der Götter lange vor den Ereignissen gesehen hatte.

Heimdall: Der Wächter der Reiche

Heimdall war der Wächter der Reiche und Tore Asgards aufgrund seiner unglaublichen Stärke und Sehkraft. Man glaubte, dass ihm nichts entgehen konnte, vor allem nicht diejenigen, die versuchten, in das Reich einzubrechen. Er war schnell und furchtlos, Eigenschaften, die ihm auch die Position des Wächters einbrachten.

Idun: Göttin der Schönheit

Idun war die Göttin der Fruchtbarkeit, Schönheit und Jugendlichkeit. Sie baute die goldenen Äpfel an, aus denen die Götter die Kraft der Unsterblichkeit schöpften. Alle Götter wollten in ihrer Gunst stehen, um das jugendliche Strahlen und die Energie zu besitzen, die sie für Tausende von Jahren erhalten würden. Sie wird oft mit den griechischen und römischen Göttinnen Aphrodite und Venus verglichen, aber es ist nicht viel mehr über sie bekannt, außer dass sie die Frau von Bragi war. Vieles von dem, was über sie bekannt ist, steht leider in keinem Zusammenhang und ist daher bis heute ein Rätsel.

Loki: Der Trickster-Gott

Einer der berüchtigtsten Götter in den nordischen Mythen und Legenden. Bekannt als der Gott der Betrüger, war er auch der Gott des Feuers und ein Gestaltwandler, der sich in jede Kreatur und jedes Geschlecht verwandeln konnte. Loki war ein seltsamer, aber gerissener Charakter, der stets aus Selbsterhaltungstrieb und zu seiner eigenen Belustigung handelte. In den Marvel-Filmen und -Comics wurde er als Adoptivbruder von Thor dargestellt, während er in Wirklichkeit entweder als Gefährte oder als Feind der Götter angesehen wurde.

Der Gott der List und Tücke hatte oft Ärger mit den Göttern der Asen und ihren Feinden gleichermaßen. Er half, Idun vor den Riesen zu retten, aber dann tötete er auch Baldur und löste damit den Beginn von Ragnarök aus. Loki war der Sohn einer unbekannten Mutter und eines Vaters, der ein Riese mit dem Namen Farbauti war. Interessanterweise galt Loki weder als Hausgott noch als einer, der es wert war, dass man ihm folgte. Dies war vielleicht der Höhepunkt all seiner List und seines offenen Spottes über die Götter der Asen.

Loki wurde entweder als Gott oder möglicherweise sogar als Riese dargestellt; nicht einmal die Texte konnten sich auf die wahre Gestalt Lokis einigen. Allerdings hatte Loki viele Nachkommen mit verschiedenen Kreaturen wie Fenrir, Jormungand und Sleipner. Mehr über die Kinder von Loki erfahren Sie im nächsten Kapitel, in dem wir uns mit den Kreaturen und Monstern der nordischen Mythen befassen.

Odin: König der Götter und der einäugige Rabengott

Odin, der Gott mit den Tausenden von Beinamen und Namen, war der König und Herrscher über Asgard und die neun Reiche. Er war auch als "der Allvater" bekannt und war der Gott der Poesie, des Todes, des Krieges und sogar der Magie. Er regierte Asgard mit seiner Frau Frigg und hatte die Söhne Thor und Baldur. Er könnte leicht mit Zeus oder Jupiter, den griechischen und römischen Götterkönigen, verglichen werden. Allerdings war er viel komplexer als diese ehebrecherischen Götter.

Odin war vor allem dafür bekannt, dass er eine Augenklappe trug, nachdem er auf der Suche nach mehr Weisheit ein Auge geopfert hatte. Er war ein Wissens- und Weisheitssucher, der oft außerhalb Asgards ging, um mehr Wissen zu erlangen. Er war einer der komplexesten und rätselhaftesten Götter des nordischen Pantheons, der sowohl ein gütiger Gott als auch ein rücksichtsloser Eroberer war, der sich wenig um Themen wie Gerechtigkeit oder Fairness scherte. Er war, ähnlich wie Loki, nur daran interessiert, sich selbst zu verbessern.

Das Zusammentreffen dieser Eigenschaften in diesem Gott ist einer der Gründe, warum er von allen verehrt wurde. Er war nicht nur die mächtigste Gottheit in den neun Reichen, sondern sein kaltes Auftreten gegenüber der Gerechtigkeit nötigte allen Respekt ab. In den kommenden Kapiteln wird es weitere Mythen rund um Odin geben.

Thor: Der Hammergott

Mit seinem treuen Hammer Mjolnir beherrschte Thor als Blitz- und Donnergott die Lüfte. Er war Odins berüchtigtstes Kind, berühmter als sein Bruder Baldur, wegen seiner überlegenen Stärke und seines Mutes. Die Wikingerkrieger beriefen sich oft auf Thor als Inspiration für ihre Rücksichtslosigkeit und Tapferkeit im Krieg. Jeder menschliche Krieger strebte danach, wie er zu sein und ihm in Walhalla zu begegnen.

Die immense Kraft, die von Thor ausging, beruhte darauf, dass er das Produkt von Odin, einem Halbriesen, war und seine Mutter eine Vollriesin namens Jord. Thor galt als Beschützer der Reiche, insbesondere von Midgard, dem Reich, in dem die Menschen leben. Er hatte bekanntermaßen eine Schwäche für weibliche Sterbliche und nutzte seinen Körperbau oft zu seinem Vorteil.

Thor könnte ohne weiteres mit dem römischen Halbgott Herkules verglichen werden, allein schon aufgrund seiner unübertroffenen Kraft und seines Körperbaus. Aber damit enden die Gemeinsamkeiten auch schon. Thor heiratete auch Sif, seine selten erwähnte Frau, die goldenes Haar hatte und der Gott der Fruchtbarkeit und des Ackerbaus wurde. Thors Untergang in Ragnarök wurde ebenfalls prophezeit, wo er und der Jormungand sich gegenseitig vernichten.

Tyr: Gott des Krieges

Der letzte Gott des Äsir-Pantheons der nordischen Mythologie war Tyr, der nordische Gott des Krieges. Im Gegensatz zu seiner

Spezialität war der Kriegsgott notorisch fair und gerecht. Sein moralischer Kompass für Fairness wurde von den anderen Göttern nicht übertroffen. Er beteiligte sich nicht am Krieg, es sei denn, es war der letzte Ausweg, was einen großen Unterschied zu seinen Gegenspielern Mars und Ares, den römischen und griechischen Kriegsgöttern, darstellte. Sein Charakter verkörperte das Bedürfnis nach Gerechtigkeit, wie wir später in diesem Buch zeigen werden, wenn wir den Mythos von Fenrir und Tyr besprechen.

Leider ist die Abstammung von Tyr unbekannt, da es keine Mythen und Geschichten über ihn gibt. Er war ein sehr mächtiger und wichtiger Gott, aber leider haben nur wenige Texte überlebt, die wesentliche Informationen über ihn enthalten.

Vanir-Gottheiten

Die Vanir-Gottheiten waren diejenigen, die nicht in Asgard herrschten. Die Götter und Göttinnen dieses Reiches waren weniger bekannt; über sie wurde nicht allzu viel geschrieben. Ein weiterer Aspekt, der die Vanir-Gottheiten von den Asen unterschied, war, dass sie das Wissen um die Magie besaßen und daher während des Asen-Vanir-Krieges, der in Kapitel 9 ausführlicher besprochen wird, formidable Gegner für die Asen-Gottheiten waren.

Freyja: Göttin der Magie

Freyja war die Tochter des Anführers der Vanir, Njord, und die Zwillingsschwester von Freyr. Sie war die Göttin der Magie, der Fruchtbarkeit und der Lust. Man glaubte auch, dass die Göttin der Grund für die Einführung der Äsir- und Vanir-Magie war. Sie wurde oft in ihrem von zwei Katzen gezogenen Wagen dargestellt. Ähnlich wie Odin und Walhalla war Freyja auch dafür bekannt, die Hälfte der gefallenen Soldaten aus Midgard in einem Reich namens Folkvangr zu begrüßen, einem Ort mit goldenen Feldern und Frieden. In der Sessrumnir oder "Sitzkammer" wurden sie von der Göttin begrüßt.

Freyja hatte mit ihrem Mann Oor zwei Töchter namens Geresmei und Hnoss. Gemeinsam beherrschten die vier einen Großteil der Landwirtschaft für die Menschen, da sie die Sterblichen selbst kultivierten.

Freyr: Gott der Fruchtbarkeit

Als Freyjas Zwillingsbruder und Sohn von Njord war Freyr der Gott der Fruchtbarkeit, des Reichtums und der Ruhe. Der Gott galt als der wohlwollendste Gott; Seeleute beteten oft zu ihm, um eine sichere Überfahrt zu bekommen. Er war auch der Gott der männlichen Fortpflanzung, was sich in der Wahl seiner zahlreichen Geliebten zeigte, zu denen sowohl Göttinnen als auch Riesinnen gehörten. Man nahm an, dass eine dieser Göttinnen seine Schwester Freyja war.

Die Wikinger opferten oft Wildschweine, sein Lieblingstier, um eine reiche Ernte oder eine Hochzeit zu feiern. Da der Reichtum in Form von Land und Feldfrüchten kam, folgten auf reiche

Ernten immer auch Dankesbekundungen wie Opfer an den Gott.

Njord: Der Gott des Meeres und des Windes

Njord war der Anführer der Vanir-Götter und Herrscher über den Wind und das Meer. Er war auch der Gott des Reichtums und der Fruchtbarkeit sowie der Seefahrt. Seine Zwillingskinder waren Freyja und Freyr, ebenfalls Götter des Reichtums und der Fruchtbarkeit. Njords Spezialität und Hauptliebe galt jedoch dem Meer und war sogar der Grund für die Trennung von seiner Frau, der Riesin Skadi, die die Berge als ihr Zuhause liebte.

Abgesehen von dem Mythos zwischen ihm und Skadi ist Njord in den wissenschaftlichen Quellen von heute aufgrund des Mangels an Texten ein relativ unbekannter Gott. Es gibt jedoch zahlreiche Belege dafür, dass Njord ein bekannter und beliebter Gott war, die auf Artefakten und Beweisen für Kulte in seinem Namen beruhen.

Schlussfolgerung

Die Mythen und Legenden, die sich um die Götter ranken, sind über die Jahrhunderte hinweg Gegenstand von Intrigen geblieben. Aufgrund der vielen Lücken, Ungereimtheiten und des Mangels an textlichen Belegen des Pantheons sind die Götter der neun Reiche rätselhaft.

Kapitel 2: Nordische Kreaturen und Ungeheuer

In diesem Buch wurde bereits erwähnt, wie die nordische Mythologie das große Fantasy-Genre inspiriert hat, dessen Krönung die *"Herr der Ringe"*-Trilogie von J. R. R. Tolkien ist. Viele Beispiele dafür sind die legendären Völker in der Trilogie wie Zwerge und Elben. Auch wenn *der Herr der Ringe* vielleicht das berühmteste Beispiel ist, hat ein solches Pantheon viele Autoren und ihre fantastischen Ideen und Geschichten inspiriert, die auch heute noch relevant sind.

Kreaturen und Ungeheuer

Die Kreaturen und Ungeheuer des nordischen Pantheons waren eine Sammlung von Rassen und Wesen, die jeweils aus verschiedenen Bereichen des Universums stammten. Nicht alle Kreaturen waren den Göttern feindlich gesinnt, und manchmal wurden sie in den Mythen als helfende Hand betrachtet.

Draugr

Die Draugr waren im Wesentlichen die Zombies der nordischen Mythen, eine Horde von Untoten, die wiederbelebt wurden, um Schrecken zu verbreiten. Einige Geschichten deuten darauf hin, dass sie den heutigen Vampiren ähnelten, aber die Texte beschreiben sie eher als Zombies. Ihre übermenschliche Kraft passte zu ihrem Gestank nach verwesendem Fleisch. Den Mythen zufolge ernährten sich die Draugr von Menschenfleisch und konnten sich durch Steinmauern bewegen, als wären sie Gespenster. Ihr Hauptaugenmerk lag auf der Bewachung ihrer Schatzkammern und der Verfolgung derjenigen, die den Draugr Gräueltaten angetan hatten, als sie noch sterblich waren. Die Draugr konnten auf zwei Arten sterben: durch Zerstückelung und Verbrennung des Körpers oder wenn der Körper selbst zu sehr verweste.

Zwerge

Die in der nordischen Mythologie dargestellten Zwerge waren nicht die kleinen Männer, wie sie in populären Fantasy-Büchern und -Filmen dargestellt werden. Stattdessen lebten sie im Reich Svartalfheim oder im Land der schwarzen Elfen. Dieses Reich befand sich tief unter der Erde. Die Zwerge galten im Vergleich zu den Menschen und Elfen als minderwertig. Die größte Stärke der Zwerge war ihre Schmiedekunst, und ihr berühmtester Beitrag war Mjolnir, der Hammer des mächtigen Thor. Die Zwerge schufen auch viele andere Artefakte innerhalb des Pantheons, darunter ein Boot für Freyr.

Elfen

Die Elfen lebten in Alfheim, dem Reich des Gottes Freyr. Sie waren groß und schlank, aber fit. Es gab zwei Zweige der Elfen: die Lichtelfen, bekannt als Ljoslfar, und die Dunkelelfen, bekannt als Dokkalfar. Man nimmt an, dass die Zwerge und die Dunkelelfen gleichbedeutend waren; sie lebten unter der Erde und im selben Reich wie die Zwerge, also waren sie wahrscheinlich ein und dasselbe. Die Lichtelfen hingegen lebten in Alfheim bei Freyr und waren möglicherweise die Inspiration für viele fiktive Elfen. Die Lichtelfen galten als eine der schönsten Kreaturen der Mythologie mit goldenem Haar so hell wie die Sonne. Sie hatten nicht viel mit den Menschen zu tun, es sei denn, um bei Krankheiten zu helfen oder Krankheiten zu verursachen; im Grunde war es, wozu sie Lust hatten. Einige Elfen kreuzten sich jedoch mit Menschen und schufen halbelfische, halbmenschliche Wesen mit den Merkmalen eines Menschen und den magischen Kräften eines Elfen.

Huginn und Muninn

Huginn und Muninn waren die beiden Raben, denen Odin vertraute. Huginn" bedeutete auf Altnordisch "Gedanke", während "Muninn" "Geist" bedeutete. Die beiden Raben waren die Augen und Ohren von Odin. Ihre Hauptaufgabe war es, in Midgard herumzufliegen und die Nachrichten über das Volk der Menschen zu sammeln. Da die Namen "Gedanke" und "Geist" bedeuten, wurde weithin spekuliert, dass die Raben die Verkörperung der Ausdehnung seines Geistes waren, den er ausstreckte, um seine Untertanen im Auge zu behalten. Es wurde auch gesagt, dass eine von Odins größten Ängsten darin bestand, dass seine geliebten Raben nicht zu ihm zurückkehren würden.

Fossegrim

Die Fossegrim wurden als Wassergeister dargestellt, die auf die schönste Art und Weise Geige spielten und den heutigen Meerjungfrauen ähnelten, nur ohne Schwanz. Oft wurden die Fossegrim als hübsche Männer mit wenig oder gar keiner Kleidung dargestellt. Sie führten Frauen und Kinder an den Rand des Wassers und darüber hinaus, um sie zu ertränken. Die Fossegrim brachten den Männern auch das Geigenspiel bei, wenn sie in ihrer Gegenwart eine Ziege opferten. Je nach Größe der Ziege brachte das Wesen den Männern entweder bei, so schön zu spielen wie es selbst, oder es lehrte die Männer, die Geige zu stimmen. Je dicker und fetter die Ziege war, desto mehr lernten die Männer von dem Geist.

Kraken

Der Krake, eine der berüchtigtsten Kreaturen des nordischen Pantheons, trat oft in Erscheinung, wenn er Schiffe angriff. Man hielt den Kraken für einen riesigen Oktopus, einen Tintenfisch oder manchmal sogar für eine Krabbe. Höchstwahrscheinlich wurde der Krake von den Riesenkalmaren in der Tiefsee inspiriert und soll die Größe einer Insel haben. Wenn sich ein ahnungsloses Schiff näherte, um anzudocken und die "Insel" zu erkunden, griff er nach dem Schiff und zog es samt Besatzung in die Tiefen des Ozeans, wo es ertrank. Man erkannte auch, dass die Kreatur so gewaltig war, dass ihre Bewegungen Strudel erzeugten, die die Schiffe ebenfalls versenkten. Nachdem der Krake seine Beute getötet hatte, verschlang er die Männer, die dem Ertrinken zum Opfer fielen.

Die Nornen

Die Nornen waren im Wesentlichen die drei Schicksale wie in der griechischen und römischen Mythologie. Die drei Nornen entschieden über das Schicksal eines jeden Lebewesens; niemand konnte seinem Schicksal entgehen, nicht einmal die Götter selbst. Die drei Nornen waren blinde alte Frauen, die auch die Hüterinnen von Yggdrasil waren, auch bekannt als der Baum des Lebens. Obwohl sie sich um den Baum kümmerten, war es ihr Schicksal, dass er mit Ragnarök starb. Eines der Hauptthemen der nordischen Mythologie war, dass alles irgendwann endet und aufhört zu existieren; das ist die natürliche Gesetzmäßigkeit, die nicht geändert werden kann.

Ratatoskr

Ratatoskr war ein eichhörnchenähnliches Wesen, dessen Hauptaufgabe darin bestand, den Baum des Lebens hinauf- und hinunterzulaufen, um Nachrichten zwischen den Reichen zu überbringen. Am liebsten aber verbreitete das Wesen

Klatsch und Tratsch zwischen dem Adler Veorfolnir, der auf der Spitze des Lebensbaums saß, und der Schlange Niohoggr, die in den Wurzeln des Baums hauste. Es wird angedeutet, dass Ratatoskr wollte, dass die beiden Wesen gegeneinander kämpfen und den Baum zerstören.

Walküre

Die Walküre war vielleicht eine der bekanntesten Kreaturen in allen nordischen Mythen und Legenden. Sowohl Schriftsteller als auch Künstler haben sich von der Schönheit dieser Fabelwesen inspirieren lassen. Die Walküren waren die Helferinnen von Odin in den Kämpfen der Menschen. Sie waren Jungfrauen von großer Schönheit und Adel, die die Seelen der Gefallenen aus der Schlacht nach Walhalla führten. Im Altnordischen bedeutete ihr Name jedoch "Ausleserin der Gefallenen". Diese schönen weiblichen Geister brachten nicht nur die Gefallenen nach Walhalla, sondern sie wählten auch aus, wer in der Schlacht lebte und wer starb.

Obwohl die meisten Kreaturen in diesem Abschnitt des Kapitels wiedererkennbar waren, waren sie mit einigen Ausnahmen in den nordischen Mythologien einzigartig. Der nächste Abschnitt dieses Kapitels beschreibt die Kinder von Loki und die ungewöhnlichen Umstände ihrer Zeugung und Geburt.

Die Kinder von Loki

Die Kinder von Loki und die Kreaturen, die er durch Gestaltwandlung geschaffen hat, verdienen einen eigenen Platz in diesem Kapitel. Jedes der drei im Folgenden beschriebenen Wesen wurde unter seltsamen Umständen gezeugt: Fenrir, Jormungand und Sleipner. Jedes Monster und jede Kreatur war auf seine Weise einzigartig und erschütterte die Erwartungen an das Verhalten zwischen Göttern und Sterblichen oder anderen Kreaturen.

Fenrir

Fenrir ist vielleicht einer der berühmtesten Wölfe der gesamten Mythologie und kommt der Wölfin im Romulus- und Remus-Mythos von der Gründung Roms sehr nahe. Fenrir war jedoch keine nährende Wölfin, sondern der Inbegriff von Zerstörung und alptraumhafter Macht. Er war der Sohn von Loki und einer Riesin mit dem Namen Angrboda.

Fenrir hatte einen letzten Auftritt in Ragnarok, der in einem anderen Kapitel näher beschrieben wird.

Jormungand

Jormungand war ein weiteres entzückendes Kind von Loki und der Riesin Angrboda. Dieses Ungeheuer nahm die Gestalt einer riesigen Schlange an. Jormungand residierte in Midgard und hatte einen Körper, der so groß war, dass er die ganze Welt umhüllen konnte. Er hielt die Welt an Ort und Stelle und schränkte sie so ein, dass sie sich kaum bewegen konnte. In einem Anfall von Abscheu warf Odin ihn in den Ozean, wo er auf die Größe der Erde selbst anwuchs.

Das Ungeheuer war nicht unbedingt ruchlos gegenüber den Menschen, aber es verachtete die Götter. Seine ungezügelte Feindseligkeit ihnen gegenüber, insbesondere gegenüber seinem Erzfeind Thor, wütete Jahrtausende lang in ihm.

Sleipner

Als letztes der Kinder von Loki war Sleipner eine besondere Rasse. Er war das edle Ross von Odin, dunkel wie die schwärzeste Nacht und mit acht Beinen. Sleipner galt als das größte Pferd in allen Reichen.

Die Sage von der Geburt dieser Kreatur handelt von Loki und dem Hengst eines Riesen namens Svadilfari. Loki hatte sich in eine Stute oder ein weibliches Pferd verwandelt und wurde dann von dem Hengst geschwängert. Nachdem Loki schwanger geworden war, trug er Sleipner aus, bis die Kreatur geboren wurde.

Schlussfolgerung

Die Ungeheuer und Kreaturen der nordischen Mythologie hatten oft sowohl positiven als auch negativen Einfluss auf Götter und Sterbliche. Die Vorstellung von jenseitigen und unerklärlichen Phänomenen beeinflusste die Art und Weise, wie die Wikinger ihre Ängste und Hoffnungen zum Ausdruck brachten.

Kein Mythos und keine Legende ist vollständig ohne eine Ursprungsgeschichte. Daher wird im nächsten Kapitel die Entstehungsgeschichte des Pantheons der nordischen Götter behandelt.

Kapitel 3: Die Ursprünge des nordischen Pantheons

Alle Geschichten brauchen einen klaren Anfang, und die Wikinger haben das verstanden. Die Wikinger nutzten die Ursprungsgeschichte der Götter, um das Universum und seine Geschöpfe zu erklären. Zu Zeiten der Wikinger gab es keine Möglichkeit, das Universum auf dieselbe Weise zu verstehen, wie es der moderne Mensch tut. Mit diesem Prinzip im Hinterkopf war es notwendig, nicht nur die Ursprünge der Menschen zu erklären, sondern durch dieselbe Geschichte auch Lektionen über die Sterblichkeit zu vermitteln.

Einige Aspekte des Mythos weisen Ähnlichkeiten mit anderen europäischen Ursprungsgeschichten auf, z. B. mit der griechischen Ursprungsgeschichte um Zeus. Während die Geschichten Parallelen zu anderen antiken Mythen aufweisen, sind andere Aspekte, wie z. B. Kreaturen und Ungeheuer, ausschließlich in der Wikingerüberlieferung zu finden.

Die Zeit vor den Göttern

Bevor es Götter, Menschen und andere Lebewesen gab, herrschte im Universum eine Leere. Dieses gesamte Universum bestand aus drei Hauptteilen: Niflheim, Ginnungagap und Muspelheim. Die drei verschiedenen Reiche dieses Universums waren durch einen einzigen Baum verbunden. Jedes spielte eine Rolle bei der Existenz der neun Reiche.

Niflheim

Niflheim war der nördlichste Punkt des Universums mit seiner eisigen Luft und den massiven Eisschichten. Es war ein trostloser, lebloser Ort. Selbst mit seinen immensen Wasservorräten, die im Eis eingefroren waren, konnte es kein Leben geben. Durch die südlichste Spitze des Reiches floss jedoch ein Fluss namens Hvergelmir, dessen Eis zu zwölf eiskalten Bächen schmolz. Diese Ströme vereinigten sich schließlich zu den Flüssen von Gjol, die dann prompt in das Reich Ginnungagap flossen.

Ginnungagap

Ginnungagap war das Reich, das in der Mitte lag. Der Name bedeutet übersetzt "tiefer, dunkler Abgrund", und anfangs gab es auch hier keine Möglichkeit, Leben zu erhalten. Der Abgrund schrumpfte jedoch, als die Gewässer von Gjol die Leere in Ginnungagap füllten. Das in den Eisschichten vermischte Wasser tropfte nach Muspelheim hinunter und schuf die Energie und das Klima, um Leben zu erhalten.

Yggdrasil

In diesem neuen gedeihlichen Klima wuchs ein Baum in der Mitte des Ginnungagap. Der Baum war bekannt als der Baum des Lebens oder Yggdrasil. Seine Wurzeln und Äste erreichten die neun Reiche und den sie umgebenden Kosmos und verbanden alle Reiche an einem zentralen Ort. In der altnordischen Runensprache hieß es, dass es sich bei dem Baum um eine Esche handelte, aber die Gelehrten haben darüber gestritten, dass niemand genau wusste, um welche Baumart es sich handelte.

Muspelheim

Muspelheim war das heißeste Reich des Kosmos. Muspelheim, auch bekannt als das Land des Feuers, war der Grund für die Flüsse, die in Niflheim zu fließen begonnen hatten. Als das Eis schmolz, tropfte es in das Feuerland hinab, das sich dann entzündete und Nebel bildete. Der Nebel und der Dampf wirbelten um Ginnungagap, und so entstand das erste Lebewesen.

Die ersten Lebewesen

Als die Funken den Dampf, den Nebel und die Frostflecken um Ginnungagap herumwirbelten, begannen sie eine neue Form zu schaffen. In dieser Form befand sich der erste Frostriese, oder Jotunn, genannt Ymir, das erste Lebewesen.

Ymir

Nach der Erschaffung von Ymir schlummerte er für Äonen; während er schlief, bildeten sich aus dem Schweiß seiner Achselhöhlen und dem Fleisch seiner Beine drei weitere Jotunn. Ihre Herzen waren von Grausamkeit und Bosheit geplagt, und deshalb waren sie schließlich die Feinde der Götter.

Die Urkuh und die Götter

Nachdem Ymir und seine Kinder erschaffen worden waren, wurde auch eine gewaltige Kuh namens Audhumla erschaffen. Sie leckte am Eis, während sie Ymir und seine Familie von Riesen säugte. Sie wurde des Geschmacks des Nichts aus Eis und Schnee überdrüssig. Als sie leckte, entdeckte sie festen Fels darunter. Verlockt leckte sie weiter an dem Eis, bis sich zwei Tage später eine andere Form zu bilden begann. Das Gesicht eines anderen Wesens wurde sichtbar.

Am Morgen des dritten Tages leckte Audhumla die Form des ersten gottähnlichen Wesens ins Leben. Er war attraktiv, gutmütig und mächtig. Er wurde Buri genannt, und als er seine neue Welt und die Riesen erblickte, erkannte er ihre böse Natur.

Buri wurde schließlich der Vater von zwei Kindern, einem Sohn namens Borr und einer Tochter namens Bestla. In einigen Übersetzungen und Versionen wurde Bestla als Tochter von Ymir angesehen, die aus dem Achselschweiß ihres Vaters geboren wurde. Daher hatten alle Götter die Anwesenheit von Riesen in sich, als sie ihre Linien weiterentwickelten.

Giganten gegen Götter

Borr und Bestla heirateten und bekamen drei gemeinsame Söhne, die als Vili, Ve und Odin bekannt wurden. Sie sahen zu, wie die Riesen die Reiche mit mächtiger Faust und Grausamkeit auf Schritt und Tritt beherrschten. In einer Revolution erschlugen die drei Söhne von Buri und Bestla die Eisriesen, nachdem sie viele Jahre unter der grausamen Herrschaft der Riesen gelitten hatten.

Die Bildung der Neun Reiche

Ymir war der erste, der aus dem Jotunn fiel. Als er tot in der Mitte des Ginnungagap lag, bedeckte sein Körper die gesamten Reiche. Sein Blut strömte aus seinen Wunden und bildete gewaltige reißende Flüsse, die den Rest der Frostriesen ertränkten, bis auf einige wenige, die in der Lage waren, die Linie der Riesen fortzusetzen, die von den Nordmännern auch als Jotnar bezeichnet wurden.

Berge aus Knochen

Nachdem Ymir im Zentrum des Universums tot umgefallen war, umfasste sein Körper den gesamten Kosmos. Odin und seine Brüder beschlossen, den Körper als Fundament für die neue Welt zu verwenden. Von diesem Punkt an zerlegten die Brüder den Körper des einst furchterregenden Riesen.

Jeder Teil des Körpers des Frostriesen wurde verwendet. Die Brüder schleppten die Knochen und schufen Berge und Täler, denn sie wollten nicht, dass die neuen Welten flach und öde sind. Das Blut des Riesen wurde in Wasserflächen wie Ozeane, Seen, Meere, Flüsse und Quellen verwandelt. Zahn- und Knochensplitter wurden zu feinem Staub gemahlen und trugen zum Sand und den Felsen des Landes Midgard bei.

Die Gehirne des bergigen Wesens wurden zu Wolken geformt; sein Haar wurde zu allem pflanzlichen Leben wie Bäumen, Blumen und Gras auf dem Land und im Meer. Die Spitze des Schädels des mächtigen Ymir wurde zum Himmelsgewölbe geformt. Sein Fleisch wurde zum Schmutz, der den Boden der Welt bedeckte.

Die letzten Formationen von Midgard

Als die Welt fast fertig war, bemerkten die Brüder, dass am Himmel noch etwas fehlte. Einer der Brüder schlug vor, Funken aus den Feuern zu verwenden, die unten in Muspelheim brannten. Die Götter ließen Millionen von Funken aus der Tiefe aufsteigen, um einen gesprenkelten Nachthimmel zu schaffen. Jeder winzige Schimmer stand für eine Aufgabe und wurde mit einem Namen versehen, während er jede Nacht über den Himmel kreiste. Die Götter dachten, dass die Sterblichen auf diese Weise den Weg zurück nach Hause finden würden.

Der letzte Schliff waren die Augenbrauen des Riesen. Um die Riesen daran zu hindern, in die Welt der geplanten Sterblichen einzudringen, wurden die Augenbrauen zu einer schützenden Barriere geformt, die sie fernhalten sollte.

Nach ihrer Fertigstellung wurde die neue Welt für die Sterblichen Midgard genannt, da sie sich in der Mitte von Ginnungagap und Yggdrasil befand. Die neue Welt befand sich an dem Ort, von dem aus die Götter über sie wachen konnten. Jotenheim, das Reich der Giganten, umgab die neue Welt.

Die ersten Sterblichen

Die Menschen waren nicht die ursprünglichen Bewohner von Midgard. Mit dem verrottenden Fleisch von Ymir erschufen die drei Brüder die ersten Wesen des Reiches, die Zwerge. Sie lebten gerne in den Tiefen der Erde und stellten Dinge her. Als die Götter ihren Fehler erkannten, siedelten sie die Zwerge in ihre endgültige Heimat Svartalfheim um.

Bei der zweiten und letzten Prüfung webten die Götter zwei Figuren aus zwei Bäumen, die dann den ersten Mann und die erste Frau erschufen, Ask und Embla. Ask wurde aus einer Esche geschnitzt und erhielt daher seinen Namen, während Embla aus einer Ulme geschnitzt wurde. Die Götter hauchten den Sterblichen Leben ein und schenkten ihnen die Gaben der Weisheit, der Sprache, des Sehens, des Klangs und der Intelligenz.

Vili und Ve waren nach dem Schöpfungsmythos abwesend; über ihren Verbleib und was nach der Erschaffung der neun Reiche geschah, sind diese Geschichten im Laufe der Zeit verloren gegangen.

Die Neun Reiche

Die Götter errichteten die Neun Reiche vermutlich etwa zur gleichen Zeit, als sie Midgard erbauten. Bei all dem Chaos und der Zerstörung war es notwendig, eine neue Heimat zu errichten, die sie bis zum Ende ihrer Herrschaft, dem Ragnarök, bewohnen konnten. Als sie die Schichten des Kosmos aufbauten, beschlossen sie, ihr Reich an die Spitze zu stellen. So konnten sie sicherstellen, dass ihre Schöpfungen vor den Frostriesen geschützt waren. Ihre Lösung bestand darin, eine Regenbogenbrücke, den Bifrost, als Haupttransportportal in andere Reiche zu errichten, falls dies erforderlich sein sollte.

Die Reiche umfassten Asgard, Alfheim, Hel, Jotunheim, Midgard, Muspelheim, Svartalfheim, Nifelheim und Vanaheim.

Asgard

Asgard war als das Reich und die Heimat der Götter der Asen bekannt und gilt daher als friedliche Landschaft im Vergleich zur Welt der Sterblichen. Es wurde als eine göttliche Stadt mit hohen Türmen aus makellosem Silber und Gold und einer

Mauer dargestellt, die unerwünschte Besucher fernhielt. Der Bifrost war mit Midgard und den anderen Reichen verbunden, um den Göttern eine sichere Passage zu gewährleisten, damit sie ihre Aufträge erfüllen konnten.

Odin wurde der Hauptaufseher und war als "Allvater" für Götter und Sterbliche bekannt. Die große Halle, die als Walhalla bekannt ist, war der Ort, an dem Odin selbst die Sterblichen begrüßte, die ehrenvoll im Kampf starben.

Alfheim

Alfheim lag in den Himmeln, nicht allzu weit von Asgard entfernt. Es war die Heimat der Lichtelfen und des Vasir-Gottes Freyr, der dort herrschte. In Alfheim, das aus mystischen Wesen und Pflanzen bestand, war die Magie weit verbreitet. Die Lichtelfen waren dafür verantwortlich, dass die Sterblichen die Kreativität entwickelten, um Kunst, Musik und andere Formen des Selbstausdrucks zu schaffen.

Hel

Hel, auch bekannt als Helheim, war eine düstere Höllenlandschaft, die unter den Wurzeln der Yggdrasil lag. Ursprünglich war sie mit Mauern und nur einem Tor zum Betreten und Verlassen ausgestattet. Es gab nur einen gepflasterten Weg nach Hel, der Helveg genannt wurde und sich an den Wurzeln des Baumes bis zum Eingang des Tores hinunterschlängelte. Hel wurde von der treffend benannten Göttin Hel regiert, der Tochter von Loki und Schwester von Fenrir und der Schlange von Midgard.

Schließlich wurde Hel mit den Seelen der Toten bevölkert, die aufgrund von Alter oder Krankheit gestorben waren. Man glaubte, dass es, ähnlich wie in der griechischen und römischen Mythologie, mehrere Ebenen der Unterwelt gab, darunter auch Walhalla; es ist jedoch ungewiss, wie die Seelen den Rest der Ewigkeit verbrachten oder wie viele Ebenen es gab.

Jotunheim

Jotunheim, auch bekannt als Utgard, war das Reich, das Midgard umgab und die Heimat der Frostriesen war. Es galt als der Geburtsort der Magie und der Wildnis in ihrer chaotischsten Form. Es war auch der Ursprungsort des Gottes der List Loki. Jotunheim war mit Asgard durch einen Fluss namens Iving verbunden, einen tückischen Fluss, der mit anschwellenden Stromschnellen und gefrorenen Eisblöcken zu überqueren war.

Midgard

Midgard war das Reich der Menschen. Nachdem dieses Reich von Odin und seinen Brüdern erschaffen worden war, errichteten sie massive Barrieren um das Land, um die hilflosen Sterblichen vor Frostriesen und anderen bösartigen Wesen zu schützen. Die Götter schufen auch alle Tiere und Kreaturen innerhalb des Reiches.

Muspelheim

Muspelheim war ein wesentlicher Bestandteil bei der Erschaffung des Universums und aller Kreaturen darin. Muspelheim war die Heimat der Kreaturen, die als Muspells oder Feuerriesen bekannt sind. Ihr Anführer oder Vater, die Gelehrten wussten nicht, welcher es war, Surtr, herrschte über das Reich. Man glaubte, dass Surtr und die anderen Muspells nur einen einzigen Grund für ihre Existenz hatten, da sie in den alten Texten immer nur ein einziges Mal erwähnt wurden. Ihre Aufgabe war es, nach dem Beginn von Ragnarök aus den Tiefen von Muspelheim aufzusteigen.

Svartalfheim

Die Zwerge, auch als Dunkelelfen bekannt, herrschten über das Reich Svartalfheim, auch Nidavellir genannt. Das Reich lag tief in der Erde; das einzige Licht waren schwach leuchtende Fackeln und die Schmieden der Zwerge. Die Zwerge fühlten sich in dieser Umgebung wohl. Ohne die Ablenkungen, die es in anderen Reichen gab, war es für die Zwerge leicht, sich zu konzentrieren und ihre Handwerkskunst zu verfeinern. Sie schufen viele Waffen der Götter, wie z. B. Mjolnir, und bauten sogar Boote für den Gott Freyr. Mit ihrer überragenden Handwerkskunst und der Fähigkeit, Magie in ihre Arbeit einfließen zu lassen, waren die Zwerge mit Abstand die besten Waffenschmiede aller neun Reiche.

Nifelheim

Sowohl Nifelheim als auch Muspelheim gehörten zu den ältesten Reichen im Universum. Während beide Reiche direkt für die Entstehung allen Lebens verantwortlich waren, war Nifelheim das einzige Reich ohne Bewohner. Es war eine eisige, gefrorene Einöde, über der Nebel schwebte. Zunächst glaubte man, dass die Toten in Nifelheim wandelten. Nachdem Odin jedoch die Göttin Hel in ihr eigenes Reich geworfen hatte, wanderten die toten Seelen stattdessen in den Tiefen von Hel umher. Von diesem Zeitpunkt an blieb Nifelheim ruhig und still.

Vanaheim

Das letzte der neun Reiche wurde Vanaheim genannt und war die Heimat der Vanir-Götter. Es wurde angenommen, dass das Reich selbst voller Magie und Licht war und verschiedene mystische Pflanzen und Tiere beherbergte. Die Vanir-Götter waren auf Fruchtbarkeit und Landwirtschaft spezialisiert. Die Magie und die Gaben der Götter führten zu üppigen, schönen Gärten und Ernten. Mit üppigen Ernten, Sonnenschein, Regen und schwachen Winden war Vanaheim das Paradies der Reiche außerhalb Asgards. Die Ozeane und Meere innerhalb des Reiches boten oft günstige Wetterbedingungen für diejenigen, die gerne auf den Meeren reisten und in den Tiefen fischten. Es war eines der angenehmsten und entspannendsten Reiche des Universums.

Es wurde allgemein angenommen, dass die Nachlässigkeit des Reiches ein großes Problem mit den Göttern in Asgard verursachte, was zum Äsir-Vanir-Krieg führte. Mehr über die Geschichte und die Folgen des Krieges erfahren Sie im nächsten Kapitel.

Schlussfolgerung

Bevor die Menschen das Universum und die Tiefen seiner Ausdehnung verstanden, erklärte die nordische Mythologie, wie der Kosmos entstanden ist. Ihr Verständnis des Universums, oder der Mangel daran, war äußerst begrenzt. Wie es in der Natur des Menschen lag, wurden die Fragen nach dem Ursprung der Welt gestellt und beantwortet. Ähnlich wie in anderen Mythologien Griechenlands und Roms war es der König aller Götter, der die Welt erschuf und die sterblichen, lebenden Menschen schuf.

In der nordischen Mythologie schufen der Götterkönig Odin und seine beiden Brüder die Reiche aus den Gebeinen ihres größten gefallenen Feindes: eine buchstäbliche Landschaft für die Wiedergeburt einer neuen Ära. Die neun Reiche der Welt existierten nebeneinander; oft besuchten die Götter die Heimat ihrer neuesten und geliebten Schöpfung, der Menschen. Midgard befand sich in der Mitte der Reiche, was auf die Bedeutung der Sterblichen hinwies.

Auch wenn die Reiche nebeneinander existierten, war es nicht immer harmonisch. Die Frostriesen und andere finstere Wesen bedrohten ständig Götter und Sterbliche gleichermaßen. Oftmals gingen die Bedrohungen jedoch von den Göttern selbst aus.

Kapitel 4: Der Krieg zwischen Aesir und Vanir

Der Äsir-Vanir-Krieg fand statt, nachdem die neun Reiche geschaffen worden waren. Der Krieg war den Texten zufolge der erste Krieg seit der Entstehung der Reiche. Die Asen, die in Asgard lebten, und die Vanen, die in Vanaheim lebten, führten einen langen, blutigen und intensiven Krieg gegeneinander. Dieser Streit zwischen den Göttern war in allen Reichen zu spüren und führte zu Aufständen und Angst unter den Menschen.

Gründe für den Krieg

Obwohl die Ursache des Krieges nicht vollständig geklärt werden konnte, dauerten seine Auswirkungen bis zum Ragnarök an. Götter und Göttinnen auf beiden Seiten wurden gezwungen, ihre Häuser zu verlassen und als Zeichen des Friedens in das jeweils andere Reich zu ziehen. Einige Gelehrte sind der Meinung, dass die unterschiedlichen Wertvorstellungen, die ständig wachsende Beliebtheit der Vanir-Gottheiten bei den Menschen und der in ganz Vanaheim verbreitete Inzest zu diesem Krieg führten. Eine Geschichte ist jedoch nach wie vor die populärste Theorie über den Auslöser.

Intensive Eifersucht

Nach der Erschaffung der Sterblichen verlangten sowohl die Götter der Asen als auch die der Vanen Loyalität und Opfer, die in ihrem Namen gebracht werden sollten. Die Asen waren anfangs die angesehenere der beiden Götterrassen. Sie besaßen mehr Macht über die Menschen und hatten daher auch mehr Anspruch auf die Sterblichen.

Mit der Zeit, so glaubte man, änderte sich die Sichtweise der Menschen. Während den Göttern der Asen immer noch mehr Opfer dargebracht wurden, begannen sie zu bemerken, dass die Vanir-Gottheiten beliebter waren als sie selbst. Die Götter von Vanaheim wollten einen gerechten Anteil am Ruhm und am Respekt der Menschen.

Diese Eifersucht hätte zwischen den Göttern außer Kontrolle geraten können. Die Vanir-Götter repräsentierten die reiche Fruchtbarkeit des Ackerbaus und des Kinderkriegens. Die beiden unmittelbaren Bedürfnisse nach Nahrung und Fortpflanzung waren die Spezialität der Vanir, weshalb sie von den Sterblichen, die sie verehrten, mehr Respekt und Liebe bekamen.

Inzestuöse Beziehungen

Die intensive Eifersucht mag dazu beigetragen haben, aber sie war nicht der einzige Grund für den Krieg. Die Vanir-Gottheiten waren für ihre inzestuösen Beziehungen zueinander bekannt. Njord und seine Schwester, die ungenannt blieb, waren angeblich Vater und Mutter der Zwillinge Freyja und Freyr.

Man glaubte auch, dass die Zwillinge mehrere Liebhaber hatten, auch untereinander.

Die Götter der Asen waren mit diesem Lebensstil nicht einverstanden und fühlten sich daher von dem Gedanken an Inzest in Vanaheim angewidert. Das Zusammentreffen von Inzest, Eifersucht und der Einführung schamanistischer Magie in Asgard genügte den Göttern, um gegeneinander Krieg zu führen.

Die Magie von Gullveig

Die Magie, die Gullveig besaß, war die dunkelste Magie, die in den Reichen bekannt war und Seidr genannt wurde. Sie wurde als schamanische Magie betrachtet und führte oft zur Zerstörung. Die Magie beeinflusste das Schicksal von Sterblichen und Göttern gleichermaßen und endete oft mit dem Tod von Menschen.

Gullveig

In einigen Übersetzungen und Glaubensrichtungen war Gullveig die Göttin Freyja, die Asgard betrat. Die schöne Göttin lehrte ihre Magie den vielen Göttern, die an ihrer Magie und ihrer Fähigkeit, das Schicksal zu beeinflussen, interessiert waren.

Nach einiger Zeit wurde die Magie missbraucht. Die Werte der Götter waren in Gefahr. Egoismus stand im Widerspruch zu den Werten Wahrheit, Ehre, Gerechtigkeit und Loyalität. Nachdem sie erkannt hatten, dass sie ihre Grundwerte im Streben nach egoistischen Wünschen über Bord geworfen hatten, machten sie Gullveig statt sich selbst dafür verantwortlich.

Der dreifach getötete Gullveig

Als Reaktion auf die Einführung dieser dunklen Magie folterten und töteten die Götter der Asen die Göttin dreimal. Bis zu ihrem ersten Tod stachen sie wiederholt mit Speeren auf sie ein und verbrannten ihren Körper zweimal. Jedes Mal, wenn sie getötet wurde, tauchte ihr Körper aus der Asche ihres vorherigen Lebens auf. Die Macht, die die Göttin besaß, löste Hass und Furcht in den Herzen der Asengötter aus und übertraf sogar die Macht von Odin selbst.

Die Götter der Asen hielten Gullveig entweder für eine Meisterin der Sabotage oder für eine Spionin der Vanir. In Kombination mit ihrer Macht der Wiederauferstehung bei jedem Mord an ihr steigerte sich die Angst in Hass auf sie und die übrigen Vanir-Gottheiten.

Auf der anderen Seite des Spektrums waren die Vanir wütend über den Gedanken, dass die Götter der Aesir absichtlich versucht hatten, einen der ihren zu ermorden. In ihrer Empörung bereiteten sie sich auf einen Krieg vor. Die gerechte Gerechtigkeit und Rache, die sie empfanden, veranlasste sie, vor den Toren Asgards zum Krieg aufzurufen.

Der erste Krieg der Götter

Die erste Szene des Krieges brandmarkt Odin als den Verteidiger des Reiches. Der Krieg begann mit einem Speer, den Odin in die Armee der Vanir warf und einen der Götter tötete. Wütend entbrannte der Funke des Kampfes zu einem feurigen Krieg.

Über einen langen Zeitraum hinweg führten beide Seiten einen Krieg um die Vorherrschaft. Der Krieg war intensiv und blutig. Die Asen, die für ihre rohe Kraft bekannt waren, setzten in den Kämpfen gegen ihre Feinde Waffen und Nahkampf ein. Die Vanir wirkten Zaubersprüche und setzten sie zu ihrem Vorteil ein.

Trübe Gewinner

Als der Krieg weiterging, war es klar, dass keine Seite die andere besiegen konnte. Die Götter auf beiden Seiten waren ebenbürtig. Keine Macht war besser als die andere. Die Gezeiten des Krieges änderten ständig ihre Richtung zugunsten beider Götterstämme, was zu einer Pattsituation führte.

Nach einer langen Zeit waren beide Seiten der Kämpfe überdrüssig. Es war klar, dass es keinen Sieger geben würde, sondern nur ein Blutbad zwischen den beiden Stämmen der Göttlichkeit.

Ein Waffenstillstand und eine Geiselverhandlung

In der Wikingerkultur war es üblich, dass zwei sich bekriegende Dörfer oder Völker einen Krieg mit einem Waffenstillstand und einer Aushandlung von Geiseln beendeten. Es wurde als ein gutgläubiges Ritual angesehen, dass die Dörfer weiterhin in Frieden leben würden.

Der Waffenstillstand

Nachdem beide Seiten zugestimmt hatten, den Krieg zu beenden, gab es viele Verhandlungen zwischen den Göttern Vanir und Aesir. Die Seiten stritten sich über den Grund für den Ausbruch des Krieges. Nach Ansicht der Vanir-Götter war es die Schuld der Asen, und deshalb sollten sie Vergeltung üben, indem sie sich an der Zahl der Opfer und Gunstbezeugungen beteiligten.

Schließlich beschlossen beide Seiten, als Gleichberechtigte in Frieden zu leben. Die Diskussion war ein langwieriges Gespräch zwischen den Göttern, um die beste Vorgehensweise zu bestimmen. Zusätzlich zum Waffenstillstand sollte es einen Geiselaustausch zwischen den rivalisierenden Stämmen geben.

Der Geiselaustausch

Nachdem sich die Stämme auf den Waffenstillstand geeinigt hatten, ging es darum, die Geiseln zu besorgen. Zu den Göttern der Asen gehörten zwei Brüder Odins: Hoenir, ein schnellfüßiger, aber langsam sprechender Gott des Schweigens, und Mimir, ein Gott der Weisheit. Die Vanir zeugten die Zwillinge Freyr und Freyja an der Seite ihres Vaters Njord, des Herrschers der Vanir.

Die fünf Götter machten sich auf den Weg in ihre neue Heimat. Die drei früheren Vanir-Götter lebten sich problemlos in ihrer neuen Heimat ein. Freyr und Njord übernahmen die Aufsicht über die Opfer, die die Menschen brachten, während Freyja die Äsir-Götter in der Magie von Vanaheim unterrichtete. Leider gelang den früheren Äsir-Göttern die Umstellung nicht so gut.

Eine Enthauptung, dann ein Kessel

Hoenir und Mimir kamen ursprünglich gut miteinander aus. Die Vanir, die die Stärke und Schönheit des Gottes Hoenir bemerkten, ernannten Hoenir zum neuen Herrscher. Die Anpassung passte zunächst sowohl Vanaheim als auch den Göttern gut; Hoenir schien das Konzept des Herrschens mit Mimir an seiner Seite zu verstehen.

Wir wurden betrogen!

Die Anwesenheit von Mimir und die Unfähigkeit von Hoenir, ohne Mimirs Hilfe Entscheidungen zu treffen, waren jedoch nachteilig für die Vereinbarung. Stärke und Attraktivität reichten nicht aus, um aus einem langsamen Gott einen Anführer zu machen. Hoenir war auch ein unzulänglicher Botschafter. Er sprach ohne Ahnung und glaubte daran, die Lösung anderen zu überlassen, anstatt selbst die Verantwortung zu übernehmen.

Die Vanir glaubten, dass sie um ihr Vermögen betrogen worden waren. Nicht nur, dass Hoenir eine Täuschung war, sondern sie vermuteten auch, dass Mimir nicht die Weisheit besaß, die ursprünglich vermittelt wurde. Als Vergeltung für die Götter der Asen enthaupteten sie Mimir und schickten den Kopf als Herausforderung und Drohung an Odin zurück.

Odin bewahrte seine Fassung. Die Enthauptung seines Bruders hatte ihn erschüttert. Um einen weiteren Krieg zu verhindern, verzauberte Odin stattdessen den abgetrennten Kopf mit Zaubersprüchen und Poesie und wickelte ihn in Kräuter. Dann legte er den konservierten Rest seines Bruders in eine Quelle am Fuße des Yggdrasil-Baumes, die als Mimirs Brunnen bekannt ist. Odin besuchte die Quelle oft auf der Suche nach Weisheit, besonders in Zeiten großer Not.

Spucke in den Kessel, bitte

Erschöpft von dem Drama und den ständigen Kämpfen zwischen den Asen und den Vanen, kamen die Götter zusammen, um einen weiteren Waffenstillstand zu schließen. Es wurde beschlossen, dass es sich um ein großes Missverständnis handelte und die Kämpfe beendet werden mussten. Beide Seiten waren sich in diesem Punkt einig. Anstatt sich für Gewalt zu entscheiden, ergriff einer der Götter einen Kessel und wies jeden Gott aus Asgard und Vanaheim an, hineinzuspucken.

Als sich der Speichel aller Götter vermischte, bildete er das weiseste Wesen im Kosmos, bekannt als Kvasir. Als er die Welt betrat, wurde er zu einem Reisenden zwischen den Reichen und verteilte Weisheit an alle, denen er begegnete. Dennoch war die Existenz von Kvasir das wahre Ende des Äsir-Vanir-Krieges und der Beginn des friedlichen Zusammenlebens der Götter.

Schlussfolgerung

Der Aesir-Vanir-Krieg war der erste Krieg, der nach der Gründung der neun Reiche geführt wurde. Es war ein langer, blutiger und intensiver Krieg, der mit der Enthauptung eines Gottes der Weisheit und der Geburt eines neuen Gottes endete.

Viele Gelehrte glaubten, dass der Krieg eine Darstellung sowohl der skandinavischen als auch der germanischen Völker war. Das skandinavische Pantheon umfasste hauptsächlich die Götter der Asen, während das Pantheon der Germanen aus den Göttern der Vanen bestand. Der Krieg war eine Metapher dafür, dass die beiden Völker nach vielen Jahren des Krieges in gleichwertigen Schlachten endlich in Frieden zueinander finden sollten.

Kapitel 5: Odins Opferungen

Das übliche Opfer für den Erwerb von Wissen und Weisheit ist Zeit und in modernen Gesellschaften auch Geld. Um als Meister eines Fachgebiets zu gelten, muss man in der Regel 10.000 Stunden in das Lernen und die Vertiefung bereits vorhandener Kenntnisse investieren. Geld, insbesondere für die Erlangung von Abschlüssen und Zertifizierungen, ist in der heutigen Gesellschaft ebenfalls notwendig.

Aber was ist mit der Opferung eines Körperteils, zum Beispiel eines Auges? Wie wäre es, sich dem Tod auszusetzen, um das gesuchte Wissen zu erlangen?

Odin und seine Suche nach Wissen

Als Herrscher von Asgard und Aufseher über die neun Reiche war es für Odin von entscheidender Bedeutung, sich unter allen Umständen Wissen anzueignen. Er sehnte sich nach der unendlichen Weisheit und Wahrheit der Reiche. Odin war ständig auf der Suche nach dieser Weisheit. Er wollte die Feinheiten der Magie, der Prophezeiung und die inneren Abläufe des Universums kennenlernen.

Odin wollte alles lernen und verstehen. Für dieses Wissen zahlte er jedoch oft einen hohen Preis.

Odin und das geopferte Auge

Odin war im Vergleich zu den übrigen Göttern an Weisheit und Intellekt überlegen. Schließlich war er einer der ersten Götter, der vor der Entstehung der Neun Reiche die ursprünglichen Eisriesen durchstreifte und schließlich stürzte. Die Kräfte Odins waren jedoch auf der Grundlage seines Wissens begrenzt. Um seinen Intellekt zu erweitern, beschloss er, das Wissen seines enthaupteten Bruders Mimir zu erforschen.

Odin, der einäugige Gott

Mimir wurde in einer frischen, sprudelnden Quelle unter den Wurzeln des Baumes Yggdrasil untergebracht, wo das Wasser vor Geheimnissen und Wahrheiten des Universums strotzte. Mimir trank jeden Tag aus der Quelle und war daher mit all der Weisheit begabt, die eine Gottheit besitzen kann. Oft kam Odin zu seinem Bruder, wenn er die Weisheit, die Mimir zu bieten hatte, dringend benötigte, manchmal aber auch nur, um ihn zu zwingen, das Wissen mit ihm zu teilen. Mimir war Odin an Weisheit überlegen; seiner Meinung nach musste Odin das Niveau des Intellekts seines Bruders übertreffen.

Mimir wusste, wie sehr sich Odin die unendliche Weisheit des Universums wünschte. Mimir warnte Odin, dass eine solche Bitte einen hohen Preis haben würde. Um Odin Zugang zu einem Schluck der klaren, klaren Flüssigkeit zu gewähren, musste Odin im Gegenzug etwas aufgeben.

Odin dachte einen Moment lang über etwas nach, das der Tiefe des Wissens würdig war. Mit einer fließenden Bewegung stach er eines seiner Augen aus und schnippte es in die Quelle. Mit dem erhaltenen Opfer durfte Odin aus dem Mimisbrunnr, auch bekannt als der Brunnen des Wissens, trinken. Von diesem Moment an galt er als der geistigste und intellektuell mächtigste aller Götter. Keiner konnte ihn jemals übertreffen.

Verwirrung darüber, welches Auge

Die Texte sagen zwar nicht, welches Auge er aufgab, aber es war klar, dass ein großes Opfer nötig war, um der weiseste aller Götter zu werden. Künstler haben im Laufe der Jahrtausende ihre eigene Sichtweise entwickelt, auf welcher Seite der Gott sein Auge entfernte. Auf einigen Abbildungen wurde er ohne sein linkes Auge dargestellt, auf anderen mit dem rechten.

Odin und die Aufhängung am Yggdrasil-Baum

Einer der anderen Mythen, die sich um Odin und seine Opfer drehten, war sein Aufhängen am Yggdrasil-Baum in seinem Streben nach Wissen. Der Mythos veranschaulicht sein inhärentes Bedürfnis, nach weiterem Wissen zu streben, und was er tun würde, um dieses Wissen zu erlangen. Zuvor hatte er sein Auge für die Erleuchtung geopfert. Was würde er sonst noch bereit sein zu geben?

Die Nornen

Nachdem die Göttin Freyja die Magie in Asgard eingeführt hatte, bemerkte Odin, dass sie in der Lage war, Runen zu lesen, um das Schicksal eines Menschen zu verändern. Neugierig geworden, machte er sich auf die Suche nach den Nornen, die ebenfalls das Schicksal von Göttern und Sterblichen bestimmten. Als er ihre Magie unter dem Yggdrasil-Baum beobachtete, entdeckte er, dass auch sie Runen benutzten, um den Sterblichen das endgültige Schicksal zu übermitteln.

In seiner Eifersucht und seinem Hunger nach mehr Wissen fragte er die Nornen, was nötig sei, um dasselbe Wissen zu erlangen wie sie. Sie antworteten ihm, er müsse eine Reihe von Tagen und Nächten ohne Hilfe kopfüber an der Yggdrasil hängen.

Auf geht's Gott

Odin nahm die Herausforderung an. Er hing neun Tage und Nächte lang kopfüber am Yggdrasil-Baum: eine für jedes Reich. Mit einem Gespür für Dramatik und um zu beweisen, wie entschlossen er war, das Wissen über die Runen zu erlangen, stach er sich mit seinem Speer.

Die Götter der Asen durften ihm nicht helfen. Während dieser neun Tage und Nächte hungerte er sich selbst aus. Er weigerte sich, etwas zu essen oder zu trinken. Schließlich versagte sein Körper und er starb, während er an dem Baum hing. Um ihn herum sammelte sich getrocknetes Blut, und sein Körper schrumpfte von einem starken, mächtigen Gott zu einem hohlen, abgemagerten Körper.

Nach seinem Tod in der neunten Nacht wurde er wiederbelebt, erneuert und mit dem Wissen um die magischen Runen ausgestattet. Er war nun das mächtigste Wesen im ganzen Kosmos. Mit diesem neuen Wissen erlernte er neun magische Lieder und 18 äußerst mächtige Zaubersprüche. Er konnte nicht nur körperliche und seelische Wunden heilen, sondern auch die Waffen seiner Feinde unschädlich machen, da er lernte, ihre Bewegungen einzuschränken.

Schlussfolgerung

Die Mythen von den Opfern Odins drehen sich um ein zentrales Thema, um den Rezipienten der Geschichte daran zu erinnern, dass für das Streben nach Wissen Opfer notwendig sind. Die Hingabe an das Wissen bedeutete oft, dass er bereit war, einen Teil seiner selbst aufzugeben, um mehr zu lernen und dadurch mächtiger zu werden. Die Geschichte klingt auch heute noch nach. Auch wenn die Opfer, die nötig sind, um etwas zu lernen, nicht so extrem sein müssen wie die von Odin, so erinnert sie doch daran, dass alles, was wissenswert ist, ein gewisses Maß an Opfern erfordert.

Kapitel 6: Sif und das goldene Haar

Die Geschichte von Sif, der Frau von Thor, ist eine der wenigen Legenden, die sich um die Göttin der Ernte ranken. Ihr langes, goldenes Haar war ihre wertvollste Eigenschaft. Loki, der Gott der List, hatte einen teuflischen Plan in petto, um der schönen, aber eitlen Göttin einen Streich zu spielen. Die Geschichte handelt von Verzweiflung, einer Drohung und einem gehaltenen Versprechen.

Sif und ihr Haar

Die Göttin der Ernte, Sif, hatte das schönste goldene Haar in allen Welten. Sif war die Frau von Thor und übertraf sogar die Schönheit von Freyja selbst. Sie liebte ihn innig und gebar ihm sogar Kinder. Sif war der Stolz und die Freude des Donnergottes, besonders mit ihren langen, üppigen goldenen Locken.

Sif war für die Wikinger eine wichtige Göttin. Ihr Haar stand für die goldenen Weizenfelder, aber sie wurde auch mit Leidenschaft, der Sonne, Fruchtbarkeit und Landwirtschaft in Verbindung gebracht.

Loki und sein Streich

Loki, der Gott der List und Tücke, wollte Thor und seiner Familie einen Streich spielen.

Während Sif schlief, hackte er ihr die schönen goldenen Locken ab. Nur Stoppeln blieben übrig. Zufrieden mit seinem Werk, verschwand er in der Nacht. Als Sif jedoch aufwachte, bemerkte sie sofort, dass sich ihr Kopf ungewöhnlich leicht anfühlte. Sie fuhr mit den Fingern durch die Stoppeln und stellte fest, dass sie keine Haare mehr hatte. Ihr Mann wachte von ihrem Schluchzen auf. Sofort machte er sich auf die Suche nach Loki, von dem er wusste, dass er hinter dem schrecklichen Streich steckte.

Loki wusste, dass Thor auf der Suche nach ihm sein würde. Er verwandelte sich in verschiedene Gestalten, um den Gott zu täuschen, aber schließlich erwischte Thor ihn. Er drohte Loki: Wenn der Gott seinen Fehler nicht wiedergutmache, würde Thor ihm jeden einzelnen Knochen seines Körpers zermalmen. Loki wusste, dass der Gott solche Drohungen nicht leichtfertig aussprach, und machte sich deshalb auf die Suche nach einer Perücke für die gekränkte Sif.

Loki und die Zwergenbrüder

Loki begab sich in das Reich der Zwerge, das als Svartalfheim bekannt war. Die Zwerge mischten sich in der Regel nicht bei den Göttern ein, es sei denn, es gab eine Aufgabe, die erledigt werden musste; in diesem Fall versprach Loki die Gunst der

Götter von Aesir und sich selbst. Er betrat die Höhle von Ivaldi, die Heimat zweier Zwergenbrüder namens Brokk und Eitri.

Brokk und Eitri

Loki bezauberte die Brüder, indem er ihre überlegenen Fähigkeiten im Vergleich zu den übrigen Zwergen lobte. Als Loki verlangte, dass sie Sif eine goldene Perücke anfertigen sollten, die mit Magie verschmolzen war, begannen die Brüder mit ihrer Arbeit. Der Gott versäumte es, ihnen den Grund für die Perücke zu nennen. Loki bot ihnen jedoch die ewige Dankbarkeit von Sif und Thor sowie einen Gefallen von ihm und den anderen Göttern an.

Während die Brüder arbeiteten, nahm er Eitri zur Seite und lobte ihn leise dafür, dass seine Schmiedekunst der seines Bruders überlegen war. Insgeheim zufrieden, erklärte er sich bereit, an einem weiteren Projekt für Loki zu arbeiten. Brokk hörte jedoch das Gespräch der beiden und begann heimlich mit einem anderen Projekt, um mit seinem Bruder zu konkurrieren.

Die goldene Perücke

Die Perücke war fertig. Das reine Gold der Perücke hatte feine Strähnen, die der Form des Haares nahe kamen. Die Strähnen waren mit Magie eingebettet, so dass die Perücke das ursprüngliche Haar der Göttin schnell regenerieren würde.

Beide Zwerge waren mit dem Projekt zufrieden, und auch Loki bedankte sich.

Gungnir

Eitri stellte sein Projekt zuerst vor. Es war ein fein gearbeiteter und perfekt ausbalancierter Speer. Er war nicht nur hervorragend gearbeitet, sondern auch mit der magischen Kraft ausgestattet, sein Ziel niemals zu verfehlen. Loki wusste, dass dies Odin erfreuen würde, denn er fürchtete den Zorn des Allvaters. Er nahm das Geschenk von Eitri dankend an und wartete auf das Projekt von Brokk.

Skidbladnir

Brokk präsentierte dem Gott ein gewaltiges Schiff, das Skidbladnir genannt wurde. Nach seiner Größe zu urteilen, konnte das Schiff alle Götter Asgards aufnehmen, aber es war auch Magie im Spiel. Skidbladnir hatte auch günstige Winde in seinen Segeln und ließ sich leicht zusammenfalten, bis es in eine Tasche passte. Loki war beeindruckt von der Handwerkskunst, die Brokk geliefert hatte. Der Gott wusste, dass es ein großartiges Geschenk für Frey sein würde, der dies sehr zu schätzen wüsste.

Die Rückkehr von Loki

Loki verließ das Zwergenreich und machte sich auf den Weg nach Asgard. Nach seiner Rückkehr erkundigte sich Thor, ob die Reise erfolgreich verlaufen sei. Loki strahlte vor Stolz und präsentierte Sif die Perücke. Ihr goldener Glanz erhellte das Gesicht der Göttin, die sich sofort in das Heilmittel für ihr Problem verliebte.

Sie setzte sich die Perücke auf den Kopf, und schon bald begann ihr ursprüngliches Haar wieder in seiner alten Pracht zu wachsen. Als er das Haar auf dem Kopf seiner Frau erblickte, rief er aus, dass ihr goldenes Haar schöner sei als je zuvor. Mit dieser Bestätigung war Sif nicht mehr verärgert. Thor und Sif verließen Loki, um die beiden anderen Geschenke Odin und Frey zu überreichen, die sich beide gleichermaßen darüber freuten.

Schlussfolgerung

Die Wikinger nutzten den Mythos als Erklärung dafür, dass der Weizen geschoren werden sollte, wenn er erntereif war. Die Geschichte war für die nordischen Völker eine weitere Mahnung, auch nach Prüfungen und Drangsalen hoffnungsvoll zu bleiben. Denn das Schöne am Leben ist, dass sich Überraschungen, auch wenn sie unwillkommen sind, in etwas Wertvolleres verwandeln lassen.

Kapitel 7: Idun und die goldenen Äpfel

Idun, die Göttin der Schönheit, hatte den Schlüssel zur Unsterblichkeit in ihrem Garten, der reich an verschiedenen Früchten und Blumen war. Das wertvollste Produkt ihres Gartens waren jedoch ihre goldenen Äpfel. Die goldenen Äpfel waren die Nahrung für die Götter. Ähnlich wie in der griechischen Mythologie die Ambrosia, die Nahrung des Pantheons, waren die Äpfel frisch und enthielten die Magie der Unsterblichkeit in sich.

Idun war die Frau von Bragi, dem Gott der Poesie, und die Tochter des Zwergenschmieds Ivald. Nachdem sie Bragi geheiratet hatte, stieg sie in das Reich Asgard auf und mit ihr die Truhe mit den goldenen Äpfeln, die sie bei sich trug. Ihre Truhe blieb immer voll, auch nachdem die Götter sie fast täglich geleert hatten.

Die Gefahr der Macht

Da sie die Frucht besaß, war sie oft das Ziel von Zwergen und Riesen gleichermaßen, die unsterblich werden wollten. Sie wachte sorgfältig über ihre Beute; ein kleiner Fehler würde sich für sie und die Götter als nachteilig erweisen.

Dem Gott der Täuschung vertrauen

Loki, Odin und Hoenir waren auf einer anderen Suche, als sie auf dem Heimweg anhielten und einen Ochsen schlachteten. Sie wollten ihn kochen, aber das Fleisch wollte nicht gar werden. Ein Adler rief von den Ästen eines nahen Baumes herab und bat die Götter, ihn zu füttern, sonst würde er das Fleisch nicht garen lassen. Die Götter willigten widerwillig ein, und der Adler suchte sich die besten Fleischstücke aus und flog davon.

In einem Anfall von Wut verwandelte sich Loki in einen Falken und jagte den Adler. Leider war der Adler der Riese Thjazi. Der Riese hielt Loki in seinen Klauen und weigerte sich, ihn freizulassen. Er drohte Loki, dass er zurückkommen und ihn entführen würde, wenn er ihm nicht direkt die Äpfel von Idun brächte. Loki willigte ein und wurde von Thjazi freigelassen.

Nachdem die drei Götter von ihrer Reise zurückgekehrt waren, machte sich Loki sofort auf die Suche nach Idun und ihrer Apfeltruhe. Er log und sagte ihr, dass er auf seinen Reisen Äpfel gefunden habe, die genauso prächtig seien wie die, die sie besitze. Sie solle sie mitbringen und die beiden Obstsorten miteinander vergleichen. Überzeugt von der silbernen Zunge des Gottes, folgte sie ihm, bis sie die Mauern jenseits von Asgard erreichten und in ein Waldgebiet kamen.

Die Entführung von Idun und die goldenen Äpfel

Nachdem sie den Waldrand am Fuße eines Gebirges erreicht hatte, schnappte sich Thjazi die Göttin und ihre Äpfel. Er brachte sie in das Herz von Jotunheim, dem Reich der Riesen, und in sein Haus. Das Haus des Riesen befand sich auf dem Gipfel des höchsten Berges. Der Wind heulte, während Eis das Innere der Behausung schmückte. Der Riese hatte die Göttin in seinen Klauen.

Nachdem Idun Asgard verlassen hatte, begannen die Götter ihr Alter zu spüren. Falten erschienen auf ihren Gesichtern, und sie begannen sich körperlich schwach zu fühlen. Ihr Haar ergraute. Die Götter von Asgard suchten nach ihr, konnten sie aber nicht finden. Einer der Götter berichtete, er habe die Göttin zuletzt mit Loki gesehen. Als sie ihn erwischten, gestand er seinen Götterkollegen, was geschehen war. Daraufhin erhielt er einen Auftrag: Wenn er die Göttin und ihre Äpfel nicht zurückholen würde, würde er zur Strafe für seine Verbrechen getötet werden.

Die Wiedererlangung der geliebten Göttin und der Äpfel

Loki beeilte sich, die Göttin vor dem Riesen zu retten. Er verwandelte sich erneut in einen Falken und flog über die Barriere von Asgard nach Jotunheim. Nachdem der Gott die Schwelle von Jotunheim überschritten hatte, suchte er die Berggipfel ab und entdeckte, dass die Göttin allein im Palast des Riesen war, der zum Fischen ins Meer gegangen war. Loki verwandelte sie schnell in eine Nuss und trug sie zusammen mit den goldenen Äpfeln in seinen Krallen.

Als der Riese von seinem Angelausflug zurückkehrte, stellte er fest, dass die Göttin verschwunden war. Er sah einen Falken in der Ferne und wusste genau, was geschehen war. Er verwandelte sich wieder in seinen Adlerzustand und verfolgte den Falken. Der Riese schloss mühelos die Lücke zwischen sich und Loki, der heftig mit den Flügeln schlug.

Es gab Rauch und Feuer!

Die Götter der Asen warteten auf die Rückkehr von Loki. In der Ferne sahen sie, wie der Gott der List von einem riesigen Adler verfolgt wurde. Sie schmiedeten einen Plan, um den Eingang zu Asgard mit Feuer zu befestigen, sobald Loki die Grenze überschritten hatte. Sie entzündeten die Grenze und bereiteten sich darauf vor, sie anzuzünden.

Der Riese Thjazi war Loki gefährlich nahe. Ein Sturzflug der mächtigen Krallen des Adlers und die Mission wäre gescheitert. Loki sauste an der Grenze vorbei und die Götter schlugen sofort das Holz an, um eine brennende Wand an der Grenze zu errichten.

Thjazi bewegte sich zu schnell, um anzuhalten, bevor er auf die Flammen traf. Er konnte nicht anhalten oder sich in seine riesige Gestalt verwandeln; stattdessen flog er direkt in die lodernde Grenze und verbrannte zu Tode. Idun und ihre Äpfel wurden an ihren rechtmäßigen Platz in Asgard zurückgebracht.

Schlussfolgerung

Die Lektion, die man aus dem Mythos ziehen kann, ist, dass man sich vor Menschen mit einer silbernen Zunge in Acht nehmen sollte; sie haben nicht immer die besten Absichten. Loki war berüchtigt für seine Tricksereien, und das war es, was zur Entführung von Idun führte. Ihr blindes Vertrauen in den Gott der List und ihr mangelndes Vertrauen in sich selbst und ihre Gabe erwiesen sich als problematisch für sie. Wäre Loki nicht von den Asgardianern gezwungen worden, sie zu retten, wäre ihr Schicksal ein anderes gewesen. Der Mythos war eine warnende Erzählung. Der Mythos diente auch dazu, die Bedeutung von Idun als Göttin zu verdeutlichen.

Kapitel 8: Der Mythos von Fenrir und Tyr

Um die Kinder Lokis ranken sich viele Mythen: die Göttin Hel, die die Tochter des Gottes war; Jormungand, einer seiner Söhne, der in ewiger Rivalität mit Thor um die Welt zog; und Fenrir, der älteste Sohn des Gottes.

Fenrir war, wie bereits erwähnt, ein riesiger Wolf, der für die Zerstörung bestimmt war. Er spielte eine wichtige Rolle während des Ragnaröks, der im nächsten Kapitel behandelt wird.

Fenrir als junger Welpe

Das Schicksal von Fenrir war nur den Göttern bekannt. Da sie wussten, zu welcher Zerstörung und welchem Chaos er fähig war, wurde beschlossen, dass Fenrir in Asgard bei den Göttern bleiben sollte, um ein Auge auf die junge Bestie zu haben. Über das Wesen nach seiner Geburt ist nicht viel bekannt; es ist durchaus möglich, dass es, weil die Götter über sein Schicksal Bescheid wussten, misshandelt wurde und anderen Missständen ausgesetzt war.

Die Ketten, die mich binden

Der einzige Gott, der sich dem Wolf überhaupt näherte, war Tyr, der Kriegsgott. Obwohl Tyr der Gott des Krieges war, war er erstaunlich ruhig, gelassen und vor allem fair. Der Gott fütterte und zog den Wolf auf, der sehr schnell heranwuchs.

Als die Götter bemerkten, dass der Wolf mit jedem Tag größer und stärker wurde, ordneten sie an, dass der Wolf an einen Baum gekettet werden sollte. Ihre Furcht überwog jede Vernunft; die Angst vor dem Wolf und die Prophezeiung der von ihm verursachten Zerstörung war stärker als alles andere. Odin hörte sich ihre Forderungen an und versicherte den Göttern, dass Fenrir gefesselt werden würde.

Fool Me Once

Der erste Versuch, den Wolf an einen Baum zu binden, war nicht erfolgreich. Die Götter gaukelten dem Wolf vor, seine Fesseln seien ein Kräftemessen. Da er seinen Herren gefallen wollte, durchbrach er die Kette mit einem schnellen Tritt. Um den Wolf vor Wut und möglichem Blutvergießen zu bewahren, klatschten die Götter und jubelten über den Erfolg.

Mach mich zweimal zum Narren

Die Götter wiederholten den Vorgang, nur dieses Mal mit einer dickeren, schwereren Kette. Fenrir willigte ein, mit dieser Kette an einen Baum gebunden zu werden. Er versuchte, sich zu befreien, konnte es aber zunächst nicht. Er wollte die Stärke der Fessel prüfen, bevor er seine ganze Kraft einsetzte, die sie dann in zwei Teile riss. Zum zweiten Mal applaudierten und jubelten die Götter über den neuen Erfolg, aber irgendetwas stimmte nicht. Die Zuschauer warfen sich gegenseitig Seitenblicke zu, andere runzelten die Stirn.

Fenrir begann, die Fesseln und den Wunsch, seine Macht zu testen, zusammenzufügen. Der Jubel klang eher hohl und ängstlich; er brauchte nicht lange, um herauszufinden, dass sie Angst vor ihm hatten, obwohl er nicht wusste, warum.

Gleipnir: Die unzerbrechliche Kette

Nun waren die Götter nervös und schickten den Zwergen eine Botschaft. Es war von äußerster Wichtigkeit, die stärkste Kette herzustellen, die sie herstellen konnten. Magie, so beschlossen die Asgardianer, war das einzige, was ihn wirklich halten konnte. Die Zwerge stellten sich der Herausforderung und stellten eine Kette her, die im Vergleich zu den beiden vorherigen Ketten extrem leicht und dünn war. Die Magie wurde durch das Unmögliche geformt: das Geräusch der Schritte einer Katze, der Atem eines Ozeanfisches, die Wurzeln eines Berges, der Bart einer schönen und holden Maid und der Speichel eines Vogels. Die Kette wurde Gleipnir genannt.

Traue niemals einem Asgardianer

Nachdem die Kette fertig war, versuchten sie ein drittes Mal, Fenrir zu überlisten. Fenrir hatte den nagenden Verdacht, dass die Götter etwas im Schilde führten. Das machte den massigen Wolf wütend, der seit dem letzten Versuch, ihn anzuketten, exponentiell gewachsen war. Er hielt seinen Verdacht in Schach, bis die dritte Kette geschwungen wurde.

Der Wolf rief Odin zu, wobei er sehr misstrauisch war. Es war kein Geheimnis, dass er und Odin nie miteinander auskamen. Odin war noch nie anwesend gewesen, warum also war er jetzt hier? Odin versuchte, das Tier zu beruhigen, indem er ihm sagte, es sei ein Scherz und er solle sich nicht vor ihm fürchten. Fenrir jedoch witterte die Lüge in seinem Atem.

Fenrir erkannte die Arbeit der Zwerge sofort an der Größe der Kette selbst. Er erinnerte sich an die Größe der vorherigen Ketten; diese hier war viel leichter. Es musste Magie verwendet worden sein, und die einzige Rasse, die klug genug war, Magie in das Band einzubringen, waren die Zwerge.

Die Prüfung des Schicksals

Fenrir fasste einen schnellen Entschluss, um die Reaktion der Götter abzuschätzen, also stellte er eine einfache Bitte. Wenn die Kette nur ein Scherz war, dann würde kein Gott ein Problem damit haben, wenn einer von ihnen seinen Arm in seinen Mund steckte, während er gefesselt war. Wenn die Fesseln rissen, würde er den Gott gehen lassen. Wenn er einen Verrat an seinem Vertrauen spürte, würde Fenrir den Arm ohne zu zögern verschlingen.

Die Reaktionen der Götter schürten nur das Misstrauen, das er ihnen entgegenbrachte. Kein Gott wollte einen Arm verlieren. Die Angst, die sich in ihren Augen abzeichnete, als er seine Forderungen stellte, bestärkte Fenrir nur noch mehr darin, dass eine List im Spiel war.

Tyr war der einzige Gott, der sich bereit erklärte, seinen Arm in das Maul des Wolfes zu stecken. Er stapfte zu Fenrir und legte seinen Arm behutsam hinein. Die Götter fesselten ihn und warteten auf das Unvermeidliche.

Die Entfernung des Arms

Fenrir zog an den Ketten, zunächst um die Stärke der Fesseln zu testen. Sie rührten sich nicht. Diesmal kämpfte er mit seiner ganzen Kraft gegen die Ketten, die ihn nur noch fester hielten. Er konnte diese mit Magie verzauberten Ketten nicht brechen.

Der Wolf schaute sich bei den Göttern um und sah den selbstgefälligen Ausdruck von Zufriedenheit auf ihren Gesichtern. Ein Teil von ihm hatte gehofft, dass er sich irrte, aber er hatte von seinem Vater Loki gelernt, niemals einem Asgardianer wirklich zu vertrauen. Er sah auf seinen einzigen Freund herab, denjenigen, der ihn gefüttert und die meiste Zeit mit ihm verbracht hatte. Tyr sah unglücklich aus; der Gott teilte nicht die Genugtuung, dass die Fesseln nicht brechen würden.

Mit unbändiger Wut auf die Götter der Asen und den Verrat an seinem einzigen Freund biss Fenrir dem Kriegsgott den Arm ab. Mit einem Knurren schluckte er ihn ganz herunter.

Tyr gab keinen Laut von sich, sondern nahm seine Strafe mit Anstand und Würde hin; schließlich hielt er seine Strafe dafür, dass er der Kreatur nahe gekommen war und sie dann verraten hatte, für gerechtfertigt. Er hielt sich seinen Armknubbel, aus dem das Blut in einer Lache auf den Boden spritzte. Er entfernte sich von dem Wolf.

Lebenslang gebunden bis Ragnarök

Nach der erfolgreichen Bindung des furchterregenden Wolfes brachten die Götter ihn an einen einsamen, abgelegenen Ort, wo er keine Bedrohung mehr darstellen sollte. Odin führte die Götter zu dem Land, in dem Fenrir bis zu den Ereignissen von Ragnarök gefangen bleiben sollte. Während des gesamten Weges schrie und heulte Fenrir um seine Freiheit.

Die Götter banden den massigen Wolf an einen Felsen. Fenrir heulte weiter und fauchte die Götter an, die ihn verraten hatten. Die letzten Worte, bevor er nicht mehr sprechen konnte, waren von Gewalt und Rache. Er versprach Odin, dass er, wenn Ragnarök über sie hereinbrechen würde, den Gott gezielt aufsuchen würde, und schwor in einem Akt der Rache, den Allvater ohne Reue zu töten.

Die Worte erschütterten Odin bis auf die Knochen; er kannte die Prophezeiung und wusste, wie sein Tod vorhergesagt war. Die Augen Fenrirs brannten mit einem unvergleichlichen Hass.

Odin wusste in diesem Moment, dass Fenrir jedes einzelne Wort ernst meinte.

Als der Wolf zu Ende gesprochen hatte, rammte Odin ihm ein Schwert ins Maul, um es offen zu halten und den Wolf daran zu hindern, weiter zu sprechen. Der Sabber aus seinem Maul bildete einen Fluss, der als "Erwartung" bekannt ist. Dort blieb Fenrir bis zum Beginn von Ragnarök.

Schlussfolgerung

Die Götter und die Sterblichen feierten gleichermaßen den Sieg der Götter, die die potenzielle Bedrohung Asgards neutralisiert hatten. Tyr wurde besonders für seine selbstlose Tat gefeiert, die den Charakter des Gottes weiter verdeutlichte. Tyr ließ seinen Arm nicht nachwachsen, sondern behielt den Knubbel als Erinnerung an seine Pflicht und seinen Dienst für die Reiche.

Das Märchen ist auch eine Warnung. Ähnlich wie bei Idun und ihren goldenen Äpfeln war es wichtig, sich vor denen in Acht zu nehmen, die man einen Freund nannte.

Es kann auch darauf hingewiesen werden, dass die Dinge für das gesamte Pantheon vielleicht anders gelaufen wären, wenn Fenrir statt als Bedrohung als Vorteil behandelt worden wäre. Die Geschichte diente auch als Erinnerung daran, dass das Schicksal immer geändert werden kann, wenn man es zu ändern wagt.

Kapitel 9: Ragnarök

Ragnarök, auch "Götterdämmerung" genannt, ist der wohl berühmteste aller Mythen des nordischen Pantheons. Der Mythos veranschaulicht den Tod und die Wiedergeburt der Götter. So erschreckend es auch erscheinen mag, Veränderung und Tod waren das Einzige, was dauerhaft blieb.

Das Warnsignal

Die Nornen, Odin und Frigg wussten alle, dass die Zeit in Asgard zu Ende gehen würde. Die Signale für den Untergang der Götter wurden prophezeit, so dass sie alle wussten, wann das Ende der Tage näher rückte.

Drei Jahre strenge Winter

Das erste Warnzeichen für den bevorstehenden Untergang waren drei außergewöhnlich lange, strenge Winter in Midgard. Bissiger Wind und Schnee bedeckten das gesamte Reich drei Jahre lang ohne Unterbrechung. Kein Frühling, kein Sommer, kein Herbst. Die Söhne des Wolfes Fenrir verschlangen Sonne und Mond, was zu einem Winter für Götter und Sterbliche gleichermaßen führte. Die Sterne verschwanden. Die Dunkelheit hatte begonnen.

Hunger und Krankheiten suchten die Menschen heim, und die Verzweiflung rief sie dazu auf, alles zu tun, um zu überleben. Brüder erschlugen Brüder, Väter töteten Söhne. Für die Sterblichen begann ein Zeitalter der Schwerter und Äxte. In Midgard brach Gewalt aus, und diese Gewalt griff auf das Reich der Götter über.

In Vorbereitung auf die kommenden Schlachten bat Odin Mimir ein letztes Mal um Rat. Es gab nichts mehr zu geben; die schicksalhafte Zeit der Götter neigte sich dem Ende zu.

Tod, Zerstörung und Chaos

Als der Winter sich einhüllte und die Dunkelheit die Oberhand gewann, begann die Erde selbst zu beben und zu zittern. Der große Baum Yggdrasil zitterte und ächzte, als würde er gleich umfallen. Die Berge ebneten sich ein, und mächtige Bäume wurden entwurzelt.

Loki und seine Kinder versammelt

Als die Reiche mit Eis und Schnee bedeckt waren, befreiten sich Loki und seine Kinder aus ihren Fesseln. Loki und Fenrir befreiten sich von ihren Fesseln inmitten des Bebens der Erde.

Jormungand, der Tausende von Jahren geschlummert hatte und Midgard in den Tiefen der Ozeane umgab, erhob sich aus diesen Tiefen. Als die Berge zusammenbrachen und Jormungand sich erhob, um Rache zu nehmen, wurde Midgard zu einer ozeanischen Einöde voller tückischer Ungeheuer.

Fenrir klappte seinen Kiefer aus und verschlang alles, was sich ihm in den Weg stellte, während er über das Land stürmte. Vom Himmel bis zur Erde wurde nichts von seiner Zerstörung verschont. Jormungand spuckte Gift in den Himmel; Wolken aus saurem Regen vergifteten alles in ihrem Weg. Pflanzen verdorrten, Sterbliche verhungerten oder ertranken, und selbst die Luft war giftig.

Ragnarök war in vollem Gange, und nichts stand ihm im Weg. Loki war der Kapitän des Schiffes Naglfar, das aus den Fingernägeln und Zehennägeln toter Sterblicher gefertigt war. Die Besatzung bestand aus Giganten, die bereit waren, die giftige, chaotische Luft einzuatmen.

Der Kampf beginnt

Das Beben der Erde ermöglichte es sowohl den Feuer- als auch den Frostriesen, aufzutauchen und am Ragnarök teilzunehmen. Die Feuerriesen aus Muspelheim überquerten den Bifröst in das Reich der Götter. Als sie über die Regenbogenbrücke strömten, löste sich der Bifröst auf. Als die Feuerriesen die Tore durchbrachen, blies Heimdall in sein Horn und signalisierte den Göttern, dass die Zeit für den Kampf der Götter gekommen war.

Mit Surtr als Anführer der Feuerriesen griffen sie die Götter mit all ihrer Macht an. Die Klinge, die Surtr schwang, war heißer und heller als die Sonne. Sie vernichtete alles, was sich ihr in den Weg stellte. Entsetzensschreie und Kampfgebrüll durchdrangen den Himmel, als beide Seiten auf dem Schlachtfeld namens Vigrid aufeinander trafen, bereit für den letzten Showdown zwischen Göttern und Monstern.

Beide Seiten befanden sich im Kampf. Monster kämpften Seite an Seite mit Monstern, während die Götter an der Seite ihrer eigenen Mitglieder kämpften. Die gefallenen Soldaten von Walhalla, die sogenannten einherjar, waren einsatzbereit und auf diesen Moment der Zeit vorbereitet. Alle Helden der nordischen Mythen haben sich in Vigrid behauptet und sowohl die Kreaturen des Untergangs erschlagen als auch sich ihnen ergeben.

Der Untergang Odins

Odin und Fenrir standen sich in der großen Schlacht gegenüber. Fenrir knirschte mit den Zähnen und zog die Lippen zu einem furchterregenden Knurren zurück. Der mächtige und weise Odin wehrte ihn so lange ab, wie er konnte. Odin versetzte dem massigen Wolf mehrere kräftige Schläge, doch am Ende verschlang er den Anführer der Götter.

Einer der Söhne Odins namens Vidar sah, wie der furchterregende Wolf seinen Vater verschlang. Mit leuchtenden Augen rächte er seinen Vater. Er trug Stiefel, die speziell für den Kampf angefertigt worden waren, aus dem Leder, das die menschlichen Schuhmacher weggeworfen hatten. Vidar riss das

Maul der Bestie auf. Als die Bestie zappelte, stieß er sein Schwert durch Fenrirs Kehle.

Der Fall von Tyr

Der Kriegsgott Tyr trat gegen einen anderen Wolf namens Garmr an, einen Höllenhund aus der treffend benannten Hel. Gott und Wolf lieferten sich auf dem Feld von Vigrid einen erbitterten Kampf. Am Ende tötete der Wolf den einhändigen Kriegsgott. Dies war ein Sieg für die Monster, und sie kämpften mit der Moral aus dieser Tötung noch härter.

Der Fall von Heimdall und Loki

Heimdall und Loki kämpften, nachdem der Bifröst gefallen und die Regenbogenbrücke zusammengebrochen war. Aufgrund ihrer angespannten Beziehung und Heimdalls Misstrauen gegenüber dem Gott der List lieferten sich die beiden einen langen Kampf. Sie kämpften gegeneinander, bis sich beide Götter gegenseitig töteten. Die Herrschaft des Gottes der Täuschung war zu Ende, aber auch die eines der wichtigsten Götter Asgards.

Freyr und Surtr

Nach dem Tod des geliebten Aufsehers von Asgard kämpfte Freyr gegen den Anführer der Feuerriesen, Surtr. Der Gott der Fruchtbarkeit kämpfte tapfer gegen seinen Feind, aber seine Kraft und sein Schwert waren dem Feuerriesen nicht gewachsen. Nachdem er Frey getötet hatte, erstrahlte der Himmel in einem karmesinroten Licht anstelle des zuvor dunklen Himmels. Ein weiterer Gott war gefallen.

Der Fall von Thor und der Schlange

Der letzte Gott, der fiel, war Thor, was den Höhepunkt von Ragnarök darstellte. Die ewigen Feinde Thor und Jormungand lieferten sich einen letzten Kampf auf Leben und Tod. Während Odin gegen Fenrir kämpfte und fiel, kämpfte sein ältester Sohn Thor gegen die Schlange. Thor schlug seinen Hammer Mjolnir wiederholt in den Schädel der Schlange, während er den giftigen Gasen und dem Gift von Jormungand auswich. Nach so vielen Schlägen lag die Schlange tot vor dem Gott des Donners. Thor, schwer angeschlagen und sein Blut voller Gift, taumelte neun Schritte, bevor er selbst tot umfiel.

Nach dem Sturz von Thor wurde der Feuerriese gefällt. Vor seinem unausweichlichen Ableben schleuderte er einen letzten Feuerball auf Midgard. Der Feuerball versengte alles, was sich ihm in den Weg stellte, auf der verbliebenen Erde.

Das neue Reich

Nachdem Ragnarök und die schweren Kämpfe beendet waren, brachen die Reiche in sich zusammen. Das Werk der ursprünglichen Schöpfung war vollständig rückgängig gemacht, und das Einzige, was blieb, war der Abgrund Ginnungagap. Zumindest schien es so.

Die Überlebenden auf den Ebenen von Ida

Die überlebenden Götter schworen, aus den wenigen Überresten des Abgrunds, die überlebt hatten, eine neue und bessere Welt zu schaffen. Dort, wo Surtr seinen Feuerball geschleudert und alles verbrannt hatte, wuchs eine neue, üppige, grüne Vegetation. Die Ebenen von Ida waren das neue Reich, und es wimmelte von Leben. Die Tiere kehrten in das zuvor zerstörte Gebiet zurück.

Unter den überlebenden Göttern waren die Söhne von Odin und Thor: Vidar und Vali, die Söhne des einstmals großen Odin, und Modi und Magni, die Söhne Thors. Der geliebte Gott Baldr und sein Bruder Hodr tauchten aus Hel auf. Nach ihrer Wiederauferstehung machten sie sich an die Arbeit, die Ebenen von Ida zu schaffen.

Die beiden verbliebenen Sterblichen hießen Lif und Lifthrasir, denen es gelang, der höllischen Landschaft des Kampfes zwischen Monstern und Göttern zu entkommen. Lif, der männliche Sterbliche, und Lifthrasir, die weibliche Sterbliche, bevölkerten die Ebenen von Ida neu und brachten eine neue Rasse von guten, rechtschaffenen Menschen hervor.

Schlussfolgerung

Das Ende der Welt war zwar düster und furchterregend, aber das Thema, das die Wikinger vermitteln wollten, war das Thema der Vergänglichkeit. Nichts bleibt, wie es ist; die einzige Verheißung des Lebens besteht darin, dass es beständig vergeht und fließt.

Das nordische Pantheon inspiriert auch heute noch das Leben der Menschen. Unabhängig vom Medium, sei es ein Videospiel, ein Buch oder ein Film, dominiert das Pantheon weiterhin das Fantasy-Genre. Die Vorstellung der Götter und der Kreaturen, denen sie begegneten, inspiriert auch heute noch andere dazu, der Tradition des Geschichtenerzählens zu folgen. Das Erzählen von Geschichten ist ein fester Bestandteil des menschlichen Daseins; es ist eine Gabe, die nach wie vor gefragt ist. Von unseren Vorfahren bis hin zu künftigen Generationen wird die Fähigkeit, eine gute Geschichte zu erzählen, unabhängig von der ursprünglichen Quelle, so lange fortbestehen, bis wir unserem eigenen Ragnarök begegnen.

Referenzen

Britannica, T. Editors of Encyclopaedia (2021, July 8). Loki. Encyclopedia Britannica. https://www.britannica.com/topic/Loki

Christensen, C. (n.d.). This is Why Odin Sacrificed His Eye in Norse Mythology. *Scandinavia Facts*. Retrieved July 17, 2022, from https://scandinaviafacts.com/this-is-why-odin-sacrificed-his-eye/

Dan. (n.d.-a). The Binding of Fenrir. *Norse Mythology for Smart People*. Retrieved July 18, 2022, from https://norse-mythology.org/tales/the-binding-of-fenrir/

Dan. (n.d.-b). The Kidnapping of Idun. *Norse Mythology for Smart People*. Retrieved July 18, 2022, from https://norse-mythology.org/tales/the-kidnapping-of-idun/

Greenberg, M. (2020, November 30). *War Between the Aesir and Vanir Gods: The Complete Guide*. https://mythologysource.com/aesir-vanir-war/

Greenberg, M. (2021, February 16). *Vanir Gods and Goddesses: Read this Complete Guide (2022)*. https://mythologysource.com/vanir-gods-and-goddesses/

Groenveld, E. (2017, November 2). *Norse Mythology*. World History Encyclopedia. https://www.worldhistory.org/Norse_Mythology/

Hanson, M. (2016, October 27). *Norse Mythology Facts and Information | English History*. https://englishhistory.net/vikings/norse-mythology/

Hirst, K. (2019, February 2). *The Myth of Ragnarok: Folk Memory of an Ecological Disaster?* ThoughtCo. https://www.thoughtco.com/ragnaroek-norse-myth-4150300

Liam. (2022, January 21). The Creation Myth of Norse Mythology (The Nine Realms). *Norse Mythology & Viking History.* https://vikingr.org/norse-cosmology/norse-creation-myth

Loki | Mythology, Powers, & Facts | BritannicaA. (n.d.). Retrieved July 11, 2022, from https://www.britannica.com/topic/Loki

Mark, J. J. (2018, December 20). *Nine Realms of Norse Cosmology.* World History Encyclopedia. https://www.worldhistory.org/article/1305/nine-realms-of-norse-cosmology/

Mark, J. J. (2021a, September 10). *Idunn.* World History Encyclopedia. https://www.worldhistory.org/Idunn/

Mark, J. J. (2021b, September 21). *Ten Norse Mythology Facts You Need to Know.* World History Encyclopedia. https://www.worldhistory.org/article/1836/ten-norse-mythology-facts-you-need-to-know/

McCoy, D. (n.d.-a). *Bragi—Norse Mythology for Smart People.* Retrieved July 9, 2022, from https://norse-mythology.org/gods-and-creatures/the-aesir-gods-and-goddesses/bragi/

McCoy, D. (n.d.-b). Daily Life in the Viking Age. *Norse Mythology for Smart People.* Retrieved July 9, 2022, from https://norse-mythology.org/daily-life-viking-age/

McCoy, D. (n.d.-c). *Norse Mythology for Smart People—The Ultimate Online Guide to Norse Mythology and Religion.*

Norse Mythology for Smart People. Retrieved July 9, 2022, from https://norse-mythology.org/

McCoy, D. (n.d.-d). Tales. *Norse Mythology for Smart People.* Retrieved July 9, 2022, from https://norse-mythology.org/tales/

McCoy, D. (n.d.-e). The Aesir Gods and Goddesses. *Norse Mythology for Smart People.* Retrieved July 9, 2022, from https://norse-mythology.org/gods-and-creatures/the-aesir-gods-and-goddesses/

McCoy, D. (n.d.-f). The Aesir-Vanir War. *Norse Mythology for Smart People.* Retrieved July 9, 2022, from https://norse-mythology.org/tales/the-aesir-vanir-war/

McCoy, D. (n.d.-g). The Vanir Gods and Goddesses. *Norse Mythology for Smart People.* Retrieved July 9, 2022, from https://norse-mythology.org/gods-and-creatures/the-vanir-gods-and-goddesses/

McKay, A. (2018, July 19). *Creatures in Norse Mythology.* Life in Norway. https://www.lifeinnorway.net/creatures-in-norse-mythology/

Norman. (2009, February 14). *The Origins of the Norse Mythology.* The Norse Gods. https://thenorsegods.com/the-origins-of-the-norse-mythology/

Ragnarök | Scandinavian mythology | Britannica. (n.d.). Retrieved July 17, 2022, from https://www.britannica.com/event/Ragnarok

Scott, J. (2020, December 3). *A Beginner's Guide to Norse Mythology.* Life in Norway. https://www.lifeinnorway.net/norse-mythology/

Sutherland, A. (2016, January 2). *The Golden Apple Myth And Norse Goddess Idun*. Ancient Pages. https://www.ancientpages.com/2016/01/02/the-golden-apple-myth-and-norse-goddess-idun/

Sutherland, A. (2018a, April 10). *War Between The Aesir And The Vanir Gods In Norse Mythology*. Ancient Pages. https://www.ancientpages.com/2018/04/10/war-between-the-aesir-and-the-vanir-gods-in-norse-mythology/

Sutherland, A. (2018b, May 6). *God Of The Gallows And How Odin Hanged Himself From Yggdrasil To Know Secrets Of Runes*. Ancient Pages. https://www.ancientpages.com/2018/05/07/god-of-the-gallows-and-how-odin-hanged-himself-from-yggdrasil-to-know-secrets-of-runes/

Sutherland, A. (2018c, June 30). *Norse Goddess Sif Who Lost Her Golden Hair Due To Loki's Evil Deed*. Ancient Pages. https://www.ancientpages.com/2018/06/30/norse-goddess-sif-who-lost-her-golden-hair-due-to-lokis-evil-deed/

The Binding Of Fenrir – Myths And Legends. (2020, July 5). https://mythsandlegend.com/binding-of-fenrir/

World History Edu. (2020, June 24). 10 Major Norse Gods and Goddesses in Norse Mythology. *World History Edu*. https://www.worldhistoryedu.com/10-major-norse-god-and-goddesses-in-norse-mythology/

World History Edu. (2021, July 8). Ragnarök in Norse Mythology: Meaning, Summary, & Cause. *World History Edu*. https://www.worldhistoryedu.com/ragnarok-norse-mythology/

www.ingramcontent.com/pod-product-compliance
Lightning Source LLC
Chambersburg PA
CBHW071114120626
46546CB00003B/1329